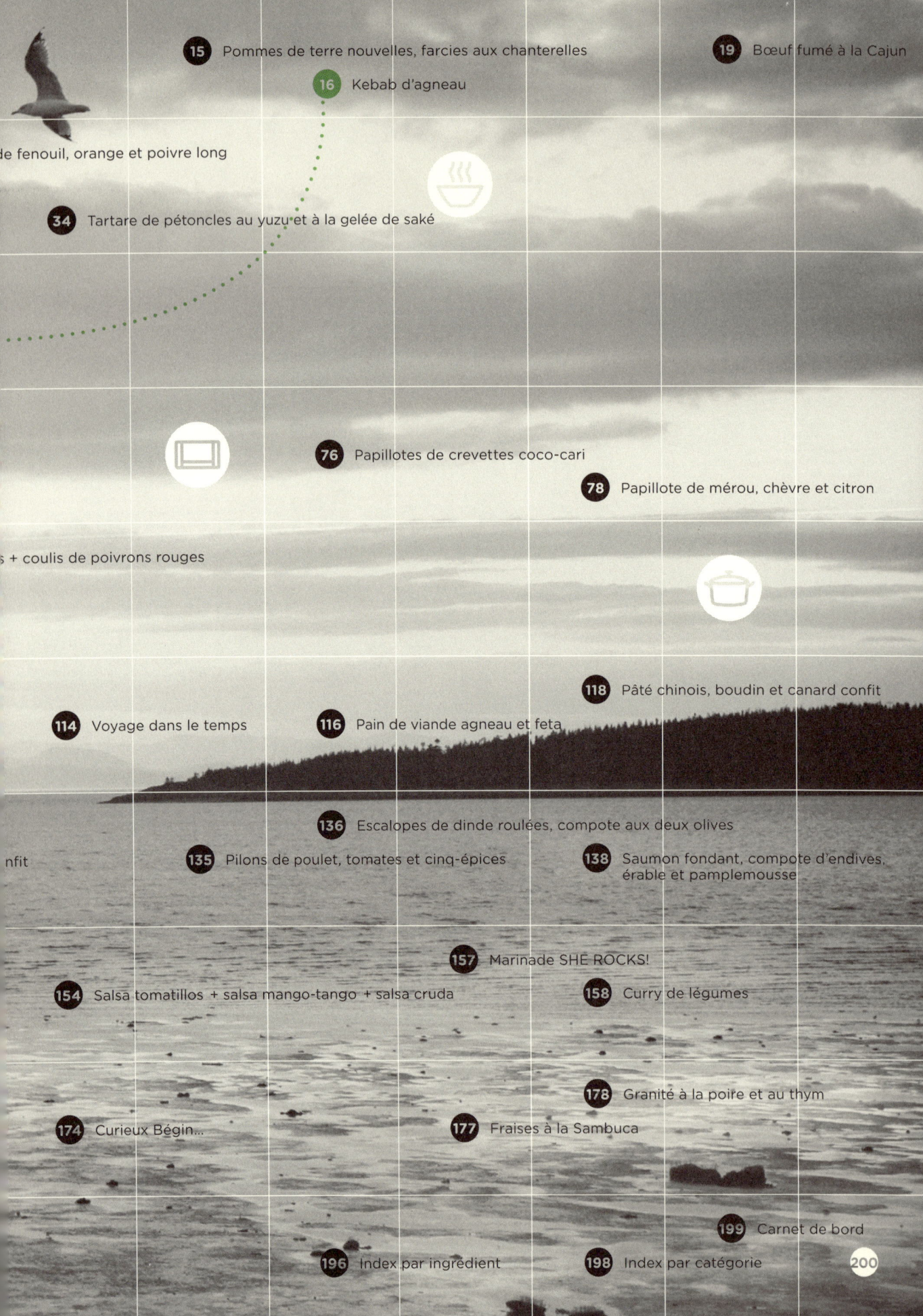

- 15   Pommes de terre nouvelles, farcies aux chanterelles
- 19   Bœuf fumé à la Cajun
- 16   Kebab d'agneau
- de fenouil, orange et poivre long
- 34   Tartare de pétoncles au yuzu et à la gelée de saké
- 76   Papillotes de crevettes coco-cari
- 78   Papillote de mérou, chèvre et citron
- + coulis de poivrons rouges
- 118   Pâté chinois, boudin et canard confit
- 114   Voyage dans le temps
- 116   Pain de viande agneau et feta
- 136   Escalopes de dinde roulées, compote aux deux olives
- nfit
- 135   Pilons de poulet, tomates et cinq-épices
- 138   Saumon fondant, compote d'endives, érable et pamplemousse
- 157   Marinade SHE ROCKS!
- 154   Salsa tomatillos + salsa mango-tango + salsa cruda
- 158   Curry de légumes
- 178   Granité à la poire et au thym
- 174   Curieux Bégin...
- 177   Fraises à la Sambuca
- 199   Carnet de bord
- 196   Index par ingrédient
- 198   Index par catégorie
- 200

CURIEUX

BÉGIN
EN COLLABORATION AVEC NATHALIE BÉLAND

SUR LA ROUTE

Catalogage avant publication de
Bibliothèque et Archives nationales du Québec et
Bibliothèque et Archives Canada

Bégin, Christian
Curieux Bégin – sur la route
Comprend un index.
ISBN 978-2-923681-18-4
1. Cuisine. 2. Tourisme gastronomique – Québec (Province).
I. Béland, Nathalie. II. Titre.
TX714.B43 2009   641.5   C2009-942157-7

Martin Balthazar
directeur de l'édition

Sylvie Latour
éditrice déléguée

orangetango
conception graphique

**Jean-François Gratton,
Shoot Studio**
photographies de la couverture et
sur la route

**Jean-François Gratton et
Hans Laurendeau,
Shoot Studio**
photographies des recettes

Anik Charbonneau
révision

L'éditeur bénéficie du soutien
de la Société de développement
des entreprises culturelles
du Québec (SODEC) pour son
programme d'édition et pour
ses activités de promotion.

L'éditeur remercie le gouvernement du Québec de l'aide
financière accordée à l'édition
de cet ouvrage par l'entremise
du Programme de crédit d'impôt
pour l'édition de livres,
administré par la SODEC.

Nous reconnaissons l'aide
financière du gouvernement
du Canada par l'entremise
du Programme d'aide au
développement de l'industrie
de l'édition (PADIÉ) pour nos
activités d'édition.

©Les Éditions La Presse
TOUS DROITS RÉSERVÉS

Dépôt légal – 4ᵉ trimestre 2009
ISBN 987-2-923681-18-4
Imprimé et relié au Canada

LES ÉDITIONS
LA PRESSE

André Provencher
président

Les Éditions la Presse
7, rue Saint-Jacques
Montréal (Québec)
H2Y 1K9
514 285-4428

À g.
Pour le plus beau voyage
Pour les plaisirs, tous, tant et tant et tant partagés
Pour toutes les deuxièmes assiettes...
En tout...

À lire en écoutant *On the Road Again,* interprétée par Willie Nelson.

Prendre la route. Encore. Partir et aller voir ailleurs si on y est, comment on s'y retrouve, pis « quessé » qu'on mange... Se taper un peu d'asphalte pour aller à la rencontre de l'autre. Se payer un *trip*, un *road trip* de manger... comme dans « du bon manger »... (on disait ça chez nous...).

Je l'ai dit et le répète, je ne suis pas un chef. Je suis un amoureux. Un passionné. J'aime. Boire, manger, jaser, philosopher, cuisiner, faire l'amour, recevoir, ritualiser, refaire le monde pis le défaire, être avec toi, avec vous, communier à notre humanité, faire la fête... autant que faire silence. Faire tout ça ensemble ! Parce que vous êtes partie prenante de cette expédition. Elle n'existe pas sans vous. Elle n'a pas de sens sans vous... Prendre la route, la pédale douce, pour tout goûter. Parce qu'on va se faire du bien. On va se faire à manger. Sans prétention. Pour le fun. Pour le plaisir de partager à la fois la table et l'aventure avec vous. Pour le plaisir de vous imaginer les partager avec moi.

Vous présenter ceux et celles que j'aime et qui, souvent, partagent ma vie et mes repas... et certaines de mes angoisses... Faire quelques escales, quelques *pit stops* au cœur de mon parcours personnel, de mon histoire à moi. Vous présenter des gens allumés, dévoués à leurs passions, envers et contre tous, malgré la tourmente. Des joyeux batailleurs, des « espérants », des persévérants, des croyants animés par une foi inspirante et enlevante en la vie et en la terre. Vous donner envie d'en savoir plus, peut-être même d'aller leur rendre visite. Parce que c'est ça l'affaire ! ➤

L'affaire c'est comprendre que manger rassemble, manger nous rappelle à la terre, manger nous conduit vers l'autre. Manger, prendre le temps de faire à manger pour l'autre, c'est à la fois un geste amoureux et un geste de résistance. Faire l'expérience de tout ça. Partir donc. *On the road again!* La musique dans l'tapis et les cheveux au vent – ben ceux qui restent... Heureux tellement que j'en saigne du nez, et pas trop se prendre au sérieux tout en faisant les choses sérieusement. Faire avec c'qu'on a. Jouir de c'qu'on a. Rendre grâce pour c'qu'on a... Boire le jour dans le calice de la vie. Faire ça ensemble...

Et si on l'a fait un peu, si ce livre est ce qu'il est, s'il existe, s'il est entre vos mains déjà prêtes à se lancer, s'il me ressemble un peu, si un esprit pas pire déjanté et aimant l'anime, si, quand vous allez goûter, « c'est bon dans yeule » comme on dit chez moi, c'est grâce en grande partie à Nathalie Béland qui cosigne ce livre avec moi. Il n'y aura jamais assez de mercis pour elle... Peut-être une statue... J'y pense sérieusement ! Nathalie tient à remercier (et moi aussi, évidemment !) Pierre Martel, son dévoué assistant culinaire. Un gars qui a le cœur sur la main et les mains et le cœur fraternels... C'est aussi grâce à Martin Balthazar, qui a eu l'idée de m'offrir ce singulier voyage et qui, ça se sent rapidement, est de cette race de gens qui embrassent la vie goulûment. Merci à toi Martin et à toute l'équipe des Éditions La Presse, et en particulier à Sylvie Latour.

C'est aussi et beaucoup beaucoup, beaucoup grâce à Mario Mercier, un ami cher, un gars de cœur et de tête et de tout c'qu'y faut pour être heureux et que ça se communique, un jouisseur allumé, un ti-cul encore, qui est entré dans ma vie et dans ma tête et qui a mis ce qui s'y trouvait en images et en formes pour en faire un livre, le mien... Ce bel objet que vous avez là, là... Mario, je te serai à jamais reconnaissant et je te fais une binne sur l'épaule... Merci aussi à une extension de Mario, comme une partie de lui professionnellement, mais aussi totalement autonome : Nathalie Bonenfant, qui raconte des histoires avec les images... Aussi grâce à Jean-François Gratton et Hans Laurendeau, deux *kid-kodak* inspirés qui ont su trouver le *mood* qu'il fallait et jouer avec la lumière pour, à la fois, MAGNIFIER et SALIR… Faire en sorte que le jupon dépasse un peu et qu'on s'en réjouisse. Volontairement omettre de passer le torchon sur le bord de l'assiette pour, finalement surtout, témoigner en images de toute la beauté et l'intensité de l'expérience. Grâce à Isabelle Rousseau, belle et patiente comme le jour et efficace comme… comme je ne le serai jamais, et à toute l'équipe d'orangetango. Grâce à Jean Béland, un mécanicien de bazou allemand comme de l'âme humaine. Un homme au parcours singulier et inspirant qui s'est lancé dans cette aventure avec une ouverture réjouissante alors qu'il ne connaissait pas du tout les trois gars avec qui il partait ! Merci Jean ! C'est une belle rencontre !

Grâce à Michel Bergeron qui, par amitié et pour le plaisir de la chose, s'est, à ma grande joie, de nouveau retrouvé sur ma route. Grâce à Jean-Pierre Paiement, de chez Zone 3, qui m'a invité, il y a trois ans, à me lancer dans l'aventure heureuse et renouvelée de *Curieux Bégin*. Merci à toi, Jean-Pierre, à Zone 3, à Télé-Québec et à Martin Roy pour la confiance et le risque…

Et finalement, comme la cerise sur le sundae, le *gravy* sur le *hot-chicken*, la noix de beurre sur les « pétates pilées », comme *L'Essentiel* de Ginette Reno, c'est grâce à VOUS ! Parce que vous avez eu le goût de faire le *trip* avec moi… MERCI POUR ÇA ! Vous êtes des bons compagnons et compagnes de voyage ! C'est pas donné à tout l'monde de bien voyager, d'accueillir ce que le voyage propose ; alors c'est précieux…

Merci la vie, qui me surprend encore (pas toujours comme je le souhaiterais, mais ça c'est une autre histoire…) et m'invite à emprunter des chemins auxquels je n'avais pas vraiment pensé…

Merci…
Christian Bégin

BOUCHÉES ET ENTRÉES

MOUSSE DE FOIE DE VOLAILLE

Chaque fois que je fais cette recette, c'est jamais de la même façon... Ce que vous avez là, c'est donc une version possible. Mais demain y'aura peut-être pas de pesto de tomates, mais plutôt des restants de duxelles de champignons... Ça bouge, ça change... C'est pas grave : c'est bon !

À faire en écoutant *The Piano Has Been Drinking (Not Me)*, de Tom Waits, sur l'album *Small Change*, et en buvant un scotch...

Dans une poêle à fond épais, faire fondre le beurre clarifié ou le ghee et y faire revenir les foies à feu vif, jusqu'à ce qu'ils soient colorés de tous les côtés.

Ajouter l'ail et l'échalote et cuire jusqu'à légère coloration. Ajouter le sirop d'érable, le pesto de tomates séchées, puis le thym et bien incorporer. Déglacer avec le bouillon et laisser réduire à presque sec. Verser le cognac, puis flamber. Retirer du feu et laisser tiédir.

Verser l'appareil dans la tasse du mélangeur et pulser en ajoutant le beurre, puis la crème en filet, jusqu'à l'obtention d'une texture moelleuse, en additionnant de la crème au besoin. Répartir l'appareil dans deux ramequins d'une demi-tasse et mettre à refroidir au frigo jusqu'au lendemain.

Au moment de servir, garnir les ramequins d'une bonne cuiller de noix concassées et accompagner de pain frais.

4 à 6 portions

- 250 g (1/2 lb) de foies de volaille
- 1 gousse d'ail, finement hachée
- 2 petites échalotes françaises, finement hachées
- 30 ml (2 c. à soupe) de sirop d'érable
- 15 ml (1 c. à soupe) de pesto de tomates séchées
- 2 brins de thym frais
- 125 ml (1/2 t) de bouillon de poulet
- 30 ml (2 c. à soupe) de cognac
- 125 ml (1/2 t) de crème 35 %
- 30 ml (2 c. à soupe) de beurre doux
- pistaches et noix de pin rôties, concassées
- sel et poivre noir
- beurre clarifié ou ghee pour la cuisson

On commence la cuisson à feu vif et on la termine à feu doux, afin d'éviter que les foies ne soient trop cuits, ce qui donnerait une texture granuleuse à la mousse. Les foies doivent idéalement être dorés à l'extérieur et encore rosés à cœur.

LA SUGGESTION DE MICHEL « de l'élégance à vous donner des ailes » — **Jurançon Uroulat 2007, Charles Hours** 709261 (19,60 $ / 375 ml)

POMMES DE TERRE NOUVELLES, FARCIES AUX CHANTERELLES

Dans une casserole à fond épais, faire fondre le ghee et y faire suer l'oignon à feu doux, pendant 5 minutes. Déglacer avec le vin blanc et réduire à presque sec. Augmenter le feu et ajouter les chanterelles, bien enduire et poursuivre la cuisson jusqu'à ce que l'eau de végétation soit évaporée des trois quarts. Ajouter 60 ml de mascarpone, assaisonner et bien incorporer. Retirer du feu et réserver.

Couper le dessus des pommes de terre et en retrancher la base, de façon à ce qu'elles se tiennent bien debout. À l'aide d'une cuiller parisienne, évider les pommes de terre en prenant soin de ne pas percer la peau. Écraser grossièrement la chair obtenue et l'ajouter aux chanterelles. Bien incorporer. Farcir les pommes de terre du mélange chanterelles-mascarpone.

Mélanger le reste du mascarpone avec le parmesan et la ciboulette et répartir le tout sur les pommes de terre farcies. Mettre à cuire durant 8 à 10 minutes dans un four préchauffé à 175 °C (350 °F), puis servir aussitôt.

4 à 6 portions

- 4 à 6 pommes de terre nouvelles, cuites à l'eau avec la pelure
- 1 petit oignon rouge, coupé en fines lamelles
- 65 ml (1/4 t) de vin blanc
- 500 ml (2 t) de chanterelles ciboires coupées en dés de 1 cm
- 80 ml (1/3 t) de fromage mascarpone ou de fromage à la crème
- 30 ml (2 c. à soupe) de parmesan râpé
- 15 ml (1 c. à soupe) de ciboulette, hachée
- sel et poivre
- ghee ou beurre clarifié pour la cuisson

KEBAB D'AGNEAU Inspiré par Daniel Vézina, qui est un de ceux que j'ai voulu imiter souvent sans grand succès... Inimitable ! Je dis ça parce que, souvent, sans s'en rendre compte, avant de trouver sa voie, on passe par le chemin de ses mentors. Quand j'ai commencé à écrire des textes d'humour, c'était du Yvon Deschamps ; de la prose, j'étais directement collé à Romain Gary (et encore un peu aujourd'hui, des fois !) ; la bouffe, ça a commencé avec Daniel Vézina... Alors, merci ! C'est un beau chemin à prendre, quand même ! P.S. : Ici, nous l'avons fait en version « boulettes », au wok, un peu à la manière des accras de veau.

J'ai servi ça avec Le Clos Jordanne, Village Réserve, Chardonnay, 2005, pis c'était bon, mine de rien... J'écoutais du Eurythmics... mais ça, c'est moi... Des fois, j'suis vraiment pas rapport !

Mettre les bâtonnets à tremper dans l'eau, afin qu'ils ne brûlent pas à la cuisson. Dans un mortier ou un œleck, moudre finement toutes les épices. Ajouter l'ail, quelques gouttes d'huile et travailler l'appareil jusqu'à l'obtention d'une pâte grossière.

Dans un grand cul-de-poule, mettre l'agneau, la pâte d'épices, la chapelure, le sirop et l'œuf et pétrir à pleines mains jusqu'à l'obtention d'un mélange homogène et lisse. On peut aussi battre l'appareil en le laissant tomber plusieurs fois sur le plan de travail, de manière à concasser les fibres et rendre la texture parfaitement homogène.

Séparer l'appareil en six portions égales et façonner les kebabs en les faisant adhérer aux bâtonnets, en pressant bien avec la paume de la main. Cuire sur le barbecue à chaleur directe, environ 2 minutes de chaque côté. Servir avec une crème d'orange cari-curry (voir recette page 28).

Donne 6 kebabs

- 300 g (2/3 lb) d'agneau haché
- 5 ml (1 c. à thé) de ras-el-hanout
- 5 ml (1 c. à thé) de poivre rose concassé
- 5 ml (1 c. à thé) de cumin concassé
- 2 clous de girofle
- 1 étoile de badiane
- 5 ml (1 c. à thé) de fleur de sel aux épices grillées
- 1 gousse d'ail, hachée
- 80 ml (1/3 t) de chapelure
- 30 ml (2 c. à soupe) de sirop d'érable
- 1 œuf
- 12 bâtonnets plats, de type à popsicles
- huile d'olive

En version kebab, sur le barbecue, ou en version boulettes, rissolées au wok... L'important, c'est ce qu'on met dedans.

BŒUF FUMÉ À LA CAJUN

Ok c'est long. Ça demande un certain « engagement »... C'est éminemment un geste amoureux que de faire cette recette mais, la récompense... LA RÉCOMPENSE ! Qui disait « Donnez et vous recevrez ! » ? Ah oui ! Un soumissionneur pour un contrat d'asphalte...

Concasser les poivres, le cumin, les sels, le sucre, le paprika, le Cayenne et l'origan dans un mortier ou au moulin à café, jusqu'à l'obtention d'une poudre fine et homogène. À l'aide d'un essuie-tout, essuyer la pièce de bœuf et la frotter sur toute sa surface (côté chair et côté gras) avec le mélange d'épices, en prenant soin d'en conserver une cuiller à soupe pour utilisation ultérieure. Déposer la pièce de bœuf sur une assiette, couvrir d'une pellicule plastique et mettre le tout au frigo. Laisser macérer pendant 48 heures en retournant le bœuf aux 12 heures.

Deux jours plus tard, rincer à l'eau fraîche, bien éponger et déposer la pièce de bœuf sur une assiette doublée d'une triple épaisseur de papier essuie-tout ou d'un linge propre, côté chair vers le bas. Couvrir le gras avec le mélange d'épices réservé et laisser reposer au frigo, à l'air libre, pendant 24 heures.

Le lendemain, faire tremper le thé dans un peu d'eau, jusqu'à ce que les feuilles commencent à se dérouler. Le thé doit être humide et non détrempé. Hacher grossièrement le romarin et le mélanger au thé infusé. Chauffer suffisamment de charbon de bois pour obtenir une chaleur vive pendant 30 minutes.

Déposer la pièce de bœuf sur la grille, côté gras en dessous et cuire jusqu'à coloration dense et complète, avec quelques pointes carbonisées. Retourner, déposer le mélange thé-romarin sur le charbon de bois, réduire l'entrée d'air, couvrir et laisser boucaner pendant 30 minutes. Si la température du feu est très vive, commencer la cuisson à chaleur directe pendant 15 minutes et la poursuivre à chaleur indirecte pour le reste du temps. Après 30 minutes, la température interne devrait osciller entre 65 et 70 °C (150 et 160 °F), pour une cuisson médium.

Retirer du feu et laisser reposer 15 minutes ou plus, avant de servir détaillé en fines tranches. À mi-chemin entre le rosbif et la viande fumée, on la sert chaude, tiède ou froide, accompagnée de marinades.

8 à 10 portions

- 1 kg (2 lb) d'aiguillette de rumsteak, garnie d'une couche de gras de 1/2 cm (ou rumsteak, ou faux-filet)
- 15 ml (1 c. à soupe) de poivre noir
- 5 ml (1 c. à thé) de poivre de Sichuan
- 5 ml (1 c. à thé) de cumin
- 15 ml (1 c. à soupe) de sel d'ail
- 15 ml (1 c. à soupe) de sel
- 22,5 ml (1,5 c. à soupe) de sucre
- 22,5 ml (1,5 c. à soupe) de paprika doux
- 5 ml (1 c. à thé) de Cayenne
- 10 ml (2 c. à thé) d'origan séché
- 80 ml (1/3 t) de thé *gun powder*
- 80 ml (1/3 t) de romarin frais

TOMATES EXPLOSIVES AU POIVRE DE SICHUAN ET AU CUMIN

Pour g. En buvant n'importe quoi... En écoutant ta voix...

Dans une petite casserole à fond épais, faire chauffer le sucre, le sirop de maïs et l'eau. Bien mélanger et amener à ébullition. Laisser bouillir le sirop sans remuer, jusqu'à 149 °C (324 °F). Retirer la casserole du feu et la refroidir aussitôt en la plongeant à mi-hauteur dans un bol d'eau froide. Réserver. Mélanger les graines de sésame et le gingembre haché et étendre le tout dans une petite assiette de service.

Au moment de dresser, remettre la casserole sur feu doux, jusqu'à ce que le sirop redevienne fluide; ne pas bouillir de nouveau. Ajouter les épices et bien incorporer en brassant délicatement. Piquer chaque tomate avec un cure-dent en bois ou une petite brochette. Tremper rapidement chaque tomate dans le caramel et les déposer aussitôt, la tête en bas, dans le mélange sésame-gingembre. Servir dès que le caramel est refroidi.

4 portions
- 12 tomates cerises
- 125 ml (1/2 t) de sucre
- 30 ml (2 c. à soupe) de sirop de maïs blanc
- 30 ml (2 c. à soupe) d'eau
- 1,25 ml (1/4 c. à thé) de poivre de Sichuan finement concassé
- 1,25 ml (1/4 c. à thé) de cumin finement concassé
- 125 ml (1/2 t) de graines de sésame, grillées
- 30 ml (2 c. à soupe) de gingembre finement haché

TARTARE DE CANARD

Mélanger tous les ingrédients, en réservant les noisettes pour la finition. Réfrigérer de 30 à 60 minutes, en remuant à l'occasion. Au moment du service, répartir le tartare dans quatre assiettes, décorer avec les noisettes grillées et accompagner d'une salade de roquette à l'huile de noix.

4 portions

- 1 magret de canard, dépouillé de son gras et grossièrement haché
- 6 tranches de canard fumé (magret ou aiguillette), finement hachées
- 3 tomates séchées, finement hachées
- 15 ml (1 c. à soupe) d'échalote française, très finement hachée
- 15 ml (1 c. à soupe) de gingembre râpé
- 5 ml (1 c. à thé) de « sweet chili sauce » (facultatif)
- 45 ml (3 c. à soupe) d'huile de noix
- 2,5 ml (1/2 c. à thé) de sel fumé
- 2,5 ml (1/2 c. à thé) de poivre long concassé
- 2,5 ml (1/2 c. à thé) de poivre de Sichuan concassé
- 60 ml (1/4 t) de noisettes, grillées et concassées

LA SUGGESTION DE MICHEL — Touraine Mesland rouge, Clos de La Briderie 977025 (16,85 $)

À lire en écoutant *Youpelaille,* de Geneviève Bilodeau tiré de l'album *Youpelaille*. Mais écoutez donc toutes les *tounes* un coup parti… Juste du bon !

la musique et le vin…

Vous aurez remarqué que certaines haltes proposent vin ou musique, ou même les deux… La raison est simple : ce sont deux éléments essentiels au voyage. Tu peux pas partir sur la route sans un iPod *all-dressed* et sans une caisse de vin dans la valise… Pour moi en tout cas, c'est impensable ! La musique et le vin font partie intégrante du voyage autant que du rituel de la bouffe. Quand je prépare à manger, que ce soit pour moi seul ou pour ceux et celles que j'aime, y'a toujours quelque chose qui joue et y'a toujours un verre de vin sur le comptoir.

Bon je sens que je me prépare le terrain pour une autre de mes envolées pastorales… Envoye donc !

GO !

Souvent j'ai l'impression que nous vivons dans un monde désacralisé, un monde en manque cruel de rituels. Le repas du dimanche est chose du passé. Même souvent les repas de semaine ne sont plus un temps d'arrêt où se retrouver un peu, mais plutôt une espèce de moment obligé et contraignant. On court, on escamote et, ce faisant, on rend de plus en plus les choses insignifiantes. Plus de rites de passage, plus rien, ou si peu pour marquer le temps. J'suis pas nostalgique, je vous assure. Je suis inquiet… Parce que je sens que nous avons soif et faim de sens, mais en même temps on organise la vie pour engourdir tout ça… C'est fou, mais le vin et la musique pour moi, c'est une façon de m'inventer un rituel laïc. Je choisis la bonne «toune» (comme celle que je vous propose là, là), le bon vin, j'installe le décor, je commence déjà à mettre la table... J'accorde de l'importance au *set-up*. Je suis déjà avec l'autre tout en me faisant plaisir à moi et «l'affaire est ketchup»!

Fin de mon envolée...

Tout ça pour dire que les vins proposés (et choisis avec soin par Michel et moi) s'accordent non seulement avec la recette, mais aussi avec le moment où je cuisine. J'bois pas la même chose en faisant et en mangeant. Alors des fois, je vais vous dire : «Moi j'écoute ça quand je fais mes *grilled-cheese*, je bois ça en les faisant, mais vous conseille de boire ça en les mangeant.» Si je commence à préparer mon repas vers midi, je vais l'accompagner de quelque chose de plus léger, de moins dense... Si y fait 32 dehors ou, si au contraire, y fait - 32, ça a une incidence sur ce que je bois, et même sur ce que j'écoute. Alors c'est juste ça... C'est pas que je veuille vous dire quoi boire et quoi écouter, c'est juste une envie de partager l'ensemble de l'expérience avec vous. Vous faites ben c'que vous voulez avec ça, évidemment! Même que, si vous avez des propositions, si le carré de cochon a appelé *Les Bourgeois* de Brel plutôt que *Les Amoureux des bancs publics* de Brassens, dites-le-moi, écrivez-le dans le livre. Prenez le temps de vous souvenir des moments que vous créez...

MOUSSE DE CHÈVRE FRAIS, CHIPS DE PARMESAN

J'écoute *The Greatest*, de Cat Power, ou tout le CD de Glen Hansard, tiré de la bande sonore du film *Once*.

Dans une petite poêle à fond épais, faire revenir le jambon cru en remuant constamment et poursuivre la cuisson jusqu'à ce qu'il soit bien croustillant. Réserver sur un papier essuie-tout et laisser refroidir.

Dans un petit cul-de-poule, mélanger tous les ingrédients. Émietter les croustilles de jambon cru, les ajouter au fromage et bien incorporer. Déposer au frigo et laisser reposer 30 minutes.

Sur une plaque allant au four recouverte d'un papier parchemin, faire des petits monticules avec le parmesan râpé, en les espaçant bien les uns des autres, de façon à ce que le fromage puisse former un cercle en fondant. Passer le tout sous le gril, en gardant un œil attentif et retirer dès que le fromage bouillonne et commence à se colorer.

Laisser refroidir complètement, garnir d'une quenelle de mousse de chèvre au jambon et servir aussitôt.

Donne 350 ml

- 250 ml (1 t) de fromage de chèvre frais, érable et canneberges, de la Ferme Cassis et Mélisse (pour trouver les points de vente allez au www.fromagechevre.ca)
- 5 tranches de jambon cru, hachées grossièrement (Speck, Prosciutto ou autre)
- 80 ml (1/3 t) de crème fraîche
- 1 gousse d'ail, émincée
- 250 ml (1 t) de parmesan finement râpé
- poivre

ACRAS DE VEAU Ça aussi c'est une recette avec laquelle vous pouvez jouer à l'infini… Sauge plutôt que cumin, pas de champignons de Paris, mais chanterelles en saison… Tout est possible. Feta plutôt que cheddar fort… Allez-y… Mais comme ça aussi c'est bon !

Quand même… Ça appelle, dans le plaisir, à mettre la main dans le cul-de-poule et à bien mélanger tout ça en écoutant *Aimer d'amour*, de Boule Noire et en buvant un Château Moncontour, Brut, Vouvray, mousseux.

Dans une grande poêle à fond épais, faire revenir les champignons et l'ail pendant 5 minutes, ou jusqu'à ce que les champignons s'abandonnent. Déglacer avec le vinaigre balsamique, bien incorporer et réduire à presque sec. Réserver.

Dans un grand cul-de-poule, mélanger le reste des ingrédients, en réservant la farine et les cubes de fromage pour plus tard. Hacher finement le mélange champignons-ail et l'ajouter au veau haché. Pétrir à pleines mains de façon à obtenir un mélange homogène et lisse. Façonner 24 petites boulettes. Enfouir un cube de chèvre au centre de chaque boulette et réserver.

Faire chauffer un wok et couvrir le fond de 2 cm d'huile. Enfariner les acras et les mettre à rissoler aussitôt, en les roulant continuellement dans l'huile bouillante, jusqu'à ce qu'ils soient dorés uniformément. Servir bien chaud avec une crème d'orange cari-curry.

Donne 24 acras

450 g (1 lb)	de veau haché
500 ml (2 t)	de champignons de Paris coupés en fines lamelles
1	gousse d'ail, finement hachée
30 ml (2 c. à soupe)	de vinaigre balsamique blanc
125 ml (1/2 t)	de longe de porc fumée hachée
15 ml (1 c. à soupe)	de graines de cumin, concassées
15 ml (1 c. à soupe)	de graines de fenouil, concassées
125 ml (1/2 t)	de chapelure
1	œuf
125 ml (1/2 t)	de farine
24	cubes de cheddar de chèvre noir de 1,5 cm
	huile pour la cuisson
	sel et poivre

CRÈME D'ORANGE CARI-CURRY

À l'aide d'un économe ou d'un zesteur, prélever le zeste de l'orange et le couper en fines lamelles. Blanchir les zestes dans une tasse d'eau bouillante pendant 1 minute et faire refroidir aussitôt. Dans un petit cul-de-poule, mélanger le reste des ingrédients. Hacher finement le zeste d'orange et l'ajouter au yogourt. Bien incorporer, couvrir et laisser reposer 30 minutes au frigo avant de servir.

Donne 350 ml

80 ml (1/3 t)	de crème fraîche
1	orange, pour le zeste et le jus
250 ml (1 t)	de yogourt nature
5 ml (1 c. à thé)	de poudre de cari
2,5 ml (1/2 c. à thé)	de pâte de curry doux (Patak ou autre)
	sel et poivre

PORC CONFIT, COMME UNE SOUPE AUX POIS

Ça, c'est le genre de plat auquel il faut céder! Je sais, c'est «tough»... On se dit : «Non, quand même, faut que je me retienne...» Mais pourquoi? Au nom de quoi? Il y a de ces plats comme de certaines personnes, qui appellent une deuxième assiette. Céder au plaisir en tout! Non pas sans réfléchir, mais après avoir évalué les risques de dommages collatéraux, faut attaquer, nom de Dieu! Le pire qui peut arriver va un jour s'afficher sur la «balance»... et c'est pas irréversible, c'est pas létal, le plaisir! On n'est pas dans *Fatal Attraction* quand même! Alors, qu'attendez-vous?

Effilocher la chair du jarret de porc et la déposer au fur et à mesure dans un plat à four peu profond. Verser le fond de porc aromatique, ajouter le porto, mettre à cuire à découvert dans un four préchauffé à 175 °C (350 °F) pendant 30 minutes, puis à découvert à 200 °C (400 °F) pendant 30 minutes, en arrosant aux 10 minutes, de façon à ce que les morceaux de porc en surface ne sèchent pas.

Dans une petite casserole à fond épais, faire cuire les pois jaunes cassés à l'eau, jusqu'à ce que les pois s'abandonnent. Passer les pois cuits au tamis ou au chinois, de façon à obtenir une purée lisse, mais très dense. Ajouter tous les autres ingrédients, sauf les carottes, et battre vigoureusement à l'aide d'une cuiller de bois, jusqu'à l'obtention d'une mousse onctueuse. Rectifier l'assaisonnement, ajouter de l'huile au besoin et réserver au chaud.

Déposer la brunoise de carottes dans un petit cul-de-poule, couvrir d'eau bouillante, laisser tremper pendant 1 minute et bien égoutter. Répartir le porc confit dans quatre assiettes, en le moulant à l'aide d'un emporte-pièce. Ajouter 1 cuiller à soupe de brunoise de carottes, puis recouvrir le tout d'une bonne couche de purée de pois jaunes, en prenant soin de bien lisser la surface. Avec le dos d'une cuiller, creuser une petite dépression au centre de la purée et y verser le reste du jus de cuisson. Servir aussitôt.

4 portions
Un jarret de porc cuit (voir recette de fond de porc aromatique)
- 500 ml (2 t) de fond de porc aromatique (voir recette de côtes levées de porc aux pommes)
- 160 ml (2/3 t) de porto
- 185 ml (3/4 t) de pois jaunes cassés
- 375 ml (1 1/2 t) d'eau
- 1 lime, pour le jus
- 1/2 citron, pour le zeste et le jus
- 45 ml (3 c. à soupe) d'huile d'olive
- 2 gousses d'ail, grillées ou confites
- 1 poivre long, moulu
- 1 carotte, coupée en très fine brunoise
- sel et poivre noir

GAMBAS GRILLÉES, FONDUE DE FENOUIL, ORANGE ET POIVRE LONG

Dans une petite casserole à fond épais, verser la moitié du jus d'orange, amener à ébullition et laisser réduire à 80 ml. Refroidir.

Mélanger le jus d'orange réduit, le jus de lime, l'huile et la sauce poisson et monter le tout en marinade. Ajouter 1/2 cuiller à thé de poivre long moulu et plonger les crevettes dans la marinade en prenant soin de bien les enrober. Laisser mariner le tout pendant au moins 1 heure, en remuant régulièrement. Tailler le bulbe de fenouil en fine brunoise et en mesurer 2 tasses bien tassées.

Dans une casserole à fond épais, faire fondre le lard fumé dans quelques gouttes d'huile, à feu moyen, jusqu'à légère coloration. Ajouter le fenouil, bien enduire et poursuivre la cuisson pendant 5 minutes en remuant constamment. Lorsque le fenouil est bien enrobé d'huile, verser le reste du jus d'orange et cuire à feu doux, à mi-couvert, pendant 30 minutes ou jusqu'à presque sec, mais encore bien moelleux. Assaisonner, ajouter le reste du poivre long, la coriandre et la fleur d'ail, bien incorporer, couvrir et retirer du feu.

Prélever 1 cuiller à thé de zeste d'orange et réserver. Peler l'orange à vif et en lever les suprêmes. Retirer les crevettes de la marinade et les cuire sur la grille du barbecue, à chaleur maximale, pendant 2 ou 3 minutes, en les retournant et en les badigeonnant avec la marinade à mi-cuisson. Faire chauffer la fondue de fenouil, ajouter le zeste d'orange et bien incorporer. Répartir la fondue dans quatre assiettes, y déposer les crevettes et garnir de quelques suprêmes d'orange. Servir aussitôt.

4 portions
- 12 gambas, format 16-21, décortiquées
- 250 ml (1 t) de jus d'orange
- 1/2 lime, pour le jus
- 45 ml (3 c. à soupe) d'huile d'olive
- 15 ml (1 c. à soupe) de sauce poisson
- 5 ml (1 c. à thé) de poivre long moulu
- 1 bulbe de fenouil
- 60 ml (1/4 t) de lard fumé haché
- 2,5 ml (1/2 c. à thé) de coriandre moulue
- 22,5 ml (1 1/2 c. à soupe) de fleur d'ail dans l'huile
- 1 orange
- sel et poivre noir

LA SUGGESTION DE MICHEL — Bergerac sec, cuvée des Conti 2008, Château Tour des Gendres 00858324 (16,50 $)

TARTARE DE PÉTONCLES AU YUZU ET À LA GELÉE DE SAKÉ

À l'aide d'un économe ou d'un zesteur, prélever le zeste de l'orange. Dans une petite casserole, faire bouillir 1 tasse d'eau et y blanchir les zestes pendant 1 minute. Faire refroidir aussitôt dans un bol d'eau glacée et hacher finement.

Dans un petit cul-de-poule, mélanger tous les ingrédients, sauf la gelée de saké, et laisser macérer au frigo de 10 à 15 minutes. À l'aide d'un couteau trempé dans l'eau chaude, découper la gelée de saké en cubes de 1/2 cm. Ajouter les cubes au tartare de pétoncles et mélanger délicatement, de façon à bien incorporer le tout sans écraser les cubes de gelée.

Répartir le tartare de pétoncle dans quatre assiettes à l'aide d'un emporte-pièce et décorer de coriandre et de zestes d'orange.

4 portions
- 300 g (2/3 lb) de pétoncles, coupés en cubes de 1/2 cm
- 1 orange, pour le zeste
- 2 limes, pour le jus
- 15 ml (1 c. à soupe) de yuzu ou de substitut
- un soupçon d'huile de noisette ou de sésame grillé
- 30 ml (2 c. à soupe) de coriandre hachée
- une recette de gelée de saké
- sel
- poivre japonais

GELÉE DE SAKÉ

Dans une petite casserole à fond épais, mettre les trois liquides et porter à ébullition. Retirer du feu, ajouter l'agar-agar en fouettant vivement jusqu'à dissolution complète. Remettre sur le feu, porter à ébullition et laisser bouillir 3 minutes. Retirer du feu, ajouter le gingembre et le poivre, bien incorporer et laisser reposer pendant 5 minutes. Doubler un petit moule rectangulaire (9 x 15 cm) d'une pellicule plastique. Verser l'appareil au saké dans le moule et laisser reposer à température de la pièce ou au frigo jusqu'à ce que la gelée soit complètement prise.

4 portions
- 125 ml (1/2 t) de saké froid
- 1 lime, pour le jus
- 30 ml (2 c. à soupe) de mirin
- 30 ml (2 c. à soupe) d'agar-agar en flocons
- 7,5 ml (1/2 c. à soupe) de gingembre finement haché
- 1,25 ml (1/4 c. à thé) de poivre japonais

SUBSTITUT DE YUZU

Verser tous les ingrédients dans une petite bouteille à bouchon vissé et remuer le tout jusqu'à texture homogène. Conserver au frigo.

Donne 90 ml
- 30 ml (2 c. à soupe) de jus de lime
- 30 ml (2 c. à soupe) de mirin
- 30 ml (2 c. à soupe) de vinaigre de riz

LA SUGGESTION DE MICHEL — Jurançon sec « Cuvée Marie » 2007, Charles Hours 896704 (23,40 $)

SOUPES

SOUPE AUX POIS VERTS ET PANAIS

J'écoute *First Day Of My Life*, de Bright Eyes.

Dans un grand faitout, faire revenir l'ail et les échalotes jusqu'à transparence. Ajouter les pois et le panais et cuire pendant 10 minutes, en tournant régulièrement. Ajouter 1,5 litre de bouillon et porter à ébullition. Ajouter le thym, assaisonner et cuire à frémissement, à couvert, pendant 30 minutes. Retirer le thym et verser l'appareil dans la tasse d'un robot-mélangeur et pulser jusqu'à texture homogène, en ajoutant du bouillon au besoin. Mettre le tout au frigo jusqu'au lendemain.

Déposer les tranches de jambon cru côte à côte sur une plaque allant au four recouverte de papier parchemin. Déposer une seconde plaque par-dessus, mettre dans un four tiède (75 °C / 170 °F) et laisser sécher toute la nuit.

Le lendemain, battre l'huile d'olive avec l'ail pressé, en badigeonner généreusement les tranches de pain et passer le tout sous le gril, jusqu'à ce qu'elles soient bien dorées. Répartir la crème de pois verts, chaude ou froide, dans six bols. Déposer une croustille de jambon sur chaque croûton à l'ail, recouvrir de fromage râpé et passer sous le gril, jusqu'à ce que le fromage bouillonne et commence à dorer. Émietter les quatre autres tranches de jambon, en décorer la soupe de pois verts et servir aussitôt, accompagné des croûtons au Manchego encore bien chauds.

6 portions
- 1 gousse d'ail, finement hachée
- 2 échalotes françaises, finement hachées
- 500 ml (2 t) de pois verts, frais ou congelés
- 4 panais, pelés et râpés
- 1,5 à 2 l (6 à 8 t) de bouillon poulet
- 4 brins de thym frais
- 10 tranches de jambon cru (Parme, Serrano, Ducato)
- 80 ml (1/3 t) d'huile d'olive
- 1 gousse d'ail, écrasée
- 6 tranches de pain de campagne de 2 jours
- 375 ml (1 1/2 t) de fromage râpé
- huile pour la cuisson
- sel et poivre

SOUPE DE CREVETTES AU LAIT DE COCO

Dans un grand faitout, faire chauffer 50 ml d'huile végétale. Ajouter la citronnelle, le gingembre et l'ail et laisser compoter sur feu moyen pendant 5 minutes, sans coloration. Ajouter la pâte de curry et le piment d'Espelette et bien incorporer. Ajouter le vin blanc et laisser réduire à presque sec. Ajouter le lait de coco et le bouillon de crevettes, amener à ébullition, rectifier l'assaisonnement et réserver au chaud.

Déposer les nouilles de riz dans un grand cul-de-poule, couvrir d'eau bouillante et laisser reposer 10 minutes. Couper les bébés bok choy en lamelles, sur le sens de la longueur. Répartir les nouilles de riz et les lamelles de bok choy dans quatre grands bols. Ajouter les crevettes et le maïs en grains au bouillon et amener rapidement à ébullition.

Verser le bouillon bien chaud sur les nouilles, en prenant soin de bien répartir les crevettes et le maïs. Garnir de coriandre et de menthe, ajouter les copeaux de noix de coco et servir aussitôt. Accompagner le tout de quartiers de lime et d'un bouquet de coriandre fraîche.

4 portions
- 500 ml (2 t) de crevettes nordiques décortiquées
- 30 ml (2 c. à soupe) de citronnelle émincée
- 30 ml (2 c. à soupe) de gingembre émincé
- 2 gousses d'ail, émincées
- 10 ml (2 c. à thé) de pâte de curry vert (ou rouge)
- 5 ml (1 c. à thé) de piment d'Espelette
- 80 ml (1/3 t) de vin blanc
- 1 boîte de lait de coco
- 1,5 l (6 t) de bouillon de crevettes
- 1 paquet (454 g) de nouilles de riz pour soupe tonkinoise (largeur moyenne)
- 2 bébés bok choy
- 250 ml (1 t) de maïs en grains
- bouquet de coriandre fraîche, dont 60 ml ciselée
- 30 ml (2 c. à soupe) de menthe fraîche ciselée
- 60 ml (4 c. à soupe) de copeaux de noix de coco non sucrés et grillés
- 1 lime, en quartiers
- huile végétale
- sel et poivre

BOUILLON DE CREVETTES

Déposer tous les ingrédients dans un grand faitout et couvrir d'eau. Amener à ébullition sur feu moyen et laisser frémir pendant une heure. Filtrer, poivrer au goût et conserver au frigo ou au congélateur jusqu'à utilisation.

Donne environ 2 litres de bouillon
- 2 l (8 t) d'écailles de crevettes
- 60 ml (1/4 t) de crevettes séchées
- 1 feuille de kombu (6 x 15 cm)
- 1 poireau, la partie verte seulement
- 2 gousses d'ail
- 7,5 ml (1/2 c. à soupe) de gros sel gris
- 3 têtes de basilic thaï séché
- 1 tête de menthe fraîche
- 2,5 à 3 l (10 à 12 t) d'eau froide

On se procure les crevettes séchées ainsi que le kombu dans les magasins d'aliments orientaux. Le kombu est une algue séchée, naturellement salée, vendue en paquets de feuilles rigides que l'on découpe de la grandeur voulue.

On l'utilise entre autres dans la préparation du riz à sushi et de l'ishiban dashi, bouillon de base dans la cuisine japonaise. Le kombu donne beaucoup de profondeur ainsi que des accents poivrés aux bouillons clairs et aux fumets de poisson.

LA SUGGESTION DE MICHEL « léger pour l'apéro, fringant » — Riesling Zeltinger Himmelreich Riesling Kabinett halbtrocken 2008, Selbach Oster 927962 (17,75 $)

CRÈME DE LAITUES À L'HUILE DE NOIX

Dans un grand faitout, faire revenir les échalotes, l'ail et le panais dans quelques gouttes d'huile, jusqu'à légère coloration. Ajouter les laitues, la roquette et le cerfeuil. Bien incorporer. Ajouter le fond de volaille, assaisonner et porter à ébullition. Réduire le feu et laisser frémir pendant 30 minutes. Verser le tout dans la tasse d'un robot-mélangeur et réduire en purée. Ajouter la crème et bien incorporer.

Au moment de servir, verser dans des bols, garnir de noisettes concassées et d'un trait d'huile de noix. Servir chaud ou froid.

4 portions
- 2 échalotes françaises, coupées en 8
- 3 gousses d'ail, écrasées
- 1 panais, râpé
- 2 l (8 t) de laitues mélangées
- 2 l (8 t) de roquette
- 1,5 l (6 t) de fond de volaille
- 1 poignée de cerfeuil ou de persil
- 185 ml (3/4 t) de crème 35 %
- 30 ml (2 c. à soupe) de noisettes, grillées et concassées
- huile de noix
- huile pour la cuisson
- sel et poivre

CRÈME DE TOMATE GRATINÉE

Ma grand-mère et ma mère nous faisaient souvent une « soupe aux tomates Campbell » qu'on mangeait avec autant d'avidité que de biscuits soda écrasés dedans... Je sais pas pourquoi on trouvait ça si bon... C'était pas compliqué dans le fond et j'ai jamais retrouvé ce goût-là... Ça appartient à un autre temps... Ginette Reno jouait à longueur de journée, comme si elle était à table avec nous autres... J'aurais pu demander la recette à ma mère... Mais non ! C'est comme manger des Capitaine Crounche à 46 ans... Ça peut juste être décevant... Alors voici une version autre...

À faire en écoutant *Pourquoi j'ai faim ?*, de Ginette Reno et en buvant un Cream Soda de Fiesta, si ça existe encore...

Dans un grand faitout, faire chauffer les trois quarts de l'huile végétale. Ajouter l'oignon, l'ail, le céleri ainsi que la carotte et faire suer en enduisant bien les légumes. Laisser compoter sur feu moyen pendant 5 minutes, sans coloration. Verser le vin rouge et réduire à presque sec.

Ajouter les tomates, le bouillon de poulet et les fines herbes, saler et amener à ébullition en remuant régulièrement. Cuire à frémissement pendant 30 minutes ou jusqu'à ce que les tomates s'abandonnent. Réduire en purée, incorporer le poivre long moulu, rectifier l'assaisonnement et réserver.

Dans une petite poêle antiadhésive, faire fondre le beurre dans le reste d'huile. Lorsque le beurre cesse de mousser, ajouter les croûtons en tournant sans arrêt pour bien les enduire de beurre fondu. Cuire jusqu'à belle coloration. Retirer du feu et mettre à égoutter sur un essuie-tout.

Dans un petit cul-de-poule, mélanger le fromage râpé, le saucisson sec et le zeste d'orange. Répartir la crème de tomate dans quatre bols allant au four (p. ex. : bol pour soupe à l'oignon). Couvrir avec le mélange au fromage et enfourner à gril, jusqu'à ce que le fromage gratine. Retirer du four, jeter une poignée de croûtons sur le fromage bien chaud et servir aussitôt.

4 portions

- 1 oignon moyen, grossièrement haché
- 1 gousse d'ail, écrasée
- 1 branche de céleri, coupée en brunoise
- 1 carotte, coupée en brunoise
- 80 ml (1/3 t) de vin rouge
- 750 ml (3 t) de tomates en dés (1 boîte de 796 ml)
- 250 ml (1 t) de bouillon de poulet
- 15 ml (1 c. à soupe) de persil haché
- 15 ml (1 c. à soupe) d'origan haché
- 22,5 ml (1,5 c. à soupe) de beurre salé
- 250 ml (1 t) de pain pumpernickel ou de blé intégral coupé en cubes de 1/2 cm
- 250 ml (1 t) de tomme de Kamouraska râpée (ou tout autre fromage à pâte ferme)
- 125 ml (1/2 t) de saucisson sec coupé en brunoise (bâton piquant de Charlevoix, chorizo ou Grelots, Bâtons et Cie du Fou du cochon [www.fouducochon.com])
- 1 orange, pour le zeste
- 60 ml (1/4 t) d'huile végétale
- sel
- 1 poivre long moulu

127 Poulet pas possible!

167 Poêlée de chanterelles, poivrons et salicorne

12 Mousse de foie de volaille

47 Crème de tomate gratinée

KAMOURASKA

PERLE
ET AUTRES PIERRES PRÉCIEUSES...
KAMOURASKA...

À lire en écoutant votre coeur battre et aussi, j'dis ça d'même, en écoutant Richard Desjardins en prime... N'importe laquelle... Mais *Nataq* est bonne... Ou encore *Ces soirées-là!* ou même, sans farce *Bibo No Aozora* — la musique finale du merveilleux film BABEL.

Je le dis souvent, le cliché prend racine dans le réel... Alors je plonge dedans à pieds joints! J'AIME! Je veux vivre à Kamouraska et faire semblant que l'hiver n'existe pas, qu'il ne faut pas se battre d'une façon ou d'une autre pour y vivre... J'AIME! Cette ville, ses gens, la trentaine qui y revient, qui s'y installe et qui rêve autrement, les couchers de soleil d'août, le pain de chez Niemand, l'odeur de l'eau, l'histoire du poissonnier, la tomme de Kamouraska, le saucisson sec aux avelines, les tomates jaunes de Caroline à Saint-Pascal, le point de vue imprenable à la ferme Le Rakù... J'AIME! Le sourire timide et totalement craquant de Marie-Ève, le turban dans les cheveux d'Élodie, la face de Bouddha, heureux de son p'tit... Les taquineries de Kim pis sa farce pour la pintade, la guitare discrète de Noël, l'engagement des deux Samuel... TOUT! Même ceux et celles que j'oublie ici parce que chus d'même... Vous êtes tous et toutes présents et présentes à moi!

J'aime tout, j'ai tout aimé de cette halte si heureuse dans ce coin de paradis! On a eu tellement de fun! Tout était tellement là! Simple, vrai, festif, arrosé, signifiant... j'ose dire «amoureux» donc, puisque J'AIME! Et au «top» de toutes ces pierres précieuses, radieuse et douce et volcanique à la fois : Perle!

Quand on est arrivé à la boulangerie, Perle — c'est son nom... si justement prénommée! — nous attendait avec Élodie... Un lunch sur la table, câlins d'accueil, sourires, chaleur — humaine et extérieure, mine de rien! —, soleil donc et programme de la journée... (?!) Perle est MÉGA-ORGANISÉE! C'est épeurant pour un gars comme moi qui improvise toujours un peu... MÉGA-ORGANISÉE, mais ouverte aux digressions, aux chemins de traverse... Ça ferait une politicienne redoutable, même si l'on est content qu'elle ait choisi d'autres voies pour agir sur le monde... Tu vois ça, toi? Quelqu'un qui pense le monde autrement au gouvernement? Mais c'est pas vraiment de ça dont je veux vous parler... Mais oui, aussi, un peu...

On est arrivés, Mario, Jean-François, Jean et moi... Quatre gars qui débarquent avec une idée pas trop claire de ce qu'ils viennent faire sinon «faire un livre comme ça s'est jamais fait»... (on se prend pas pour des peanuts!) Avec l'idée d'un repas, d'une rencontre, d'une fête. Une caisse de vin dans la Westfalia... Au pire, on se mettra chaud un peu...

J'ai vu Perle une fois dans ma vie... Je l'ai rencontrée l'an dernier dans le cadre d'une émission de *Curieux Bégin* dans le Kamouraska. Elle était avec Kim, son amoureux, et quatre de ses amis, la marmaille de cette belle gang toujours en quek'part pas loin, propriétaire-idéatrice-rêveuse d'un lieu magique et vibrant baptisé LA CAMARINE. Une place qu'ils et elles ont entièrement retapée au bout du village pour en faire un lieu qui leur ressemblerait et qu'ils voulaient pour lieu de rassemblement pour la communauté. Un genre de resto-coopératif... une affaire de beaux fous et de belles folles qui m'avait COMPLÈTEMENT séduit et interpellé.

En février dernier, le rêve est parti en flammes... Même le poêle rouge de Kim —dont j'étais jaloux — a fondu et, avec lui, tous leurs espoirs... La vie est vache des fois ! Anyway, ça c'est une autre affaire, c'est pas de ça dont je veux vous parler... Mais oui, aussi, un peu.

J'ai vu Perle une fois dans ma vie, Élodie, Marie-Ève et les autres aussi... On arrive et c'est comme si on se connaissait de toujours, comme si on s'était vus hier et qu'on n'avait pas vraiment eu le temps de s'ennuyer. Elles accueillent mes trois compagnons avec la même chaleur, la même simplicité... OK!, que j'me dis... Ça va se passer ! Y va se passer quek'chose ici aujourd'hui ! Et je vois dans les yeux des gars qu'on est à la même place. On sait pas encore quelle forme ça va prendre, mais la mayonnaise, elle va prendre ! Ça se sent ces choses-là !

Donc, après le lunch, Perle nous prend en charge...! On s'en va voir du monde. Ceux et celles qui, dans un choix de vie courageux et tellement inspirant et NÉCESSAIRE, tirent le meilleur de la terre et de l'eau et «nourrissent les autres»... On oubli niaiseusement ça que y'a du monde qui fait ce choix-là, nourrir les autres. Ceux et celles que j'ai rencontrés le font en plus avec un respect de la terre et de la mer qui devrait être «un standard», la mesure étalon... Anyway ! J'vas pas me fâcher ici quand même ! Plus bas, je vous donne les adresses. Allez les voir ! Faut voir ces gens pour se rappeler que ça vient d'en quek'part ce qu'on se met dans la bouche ! Quand on refait le lien, quand on rétablit ce rapport, quand un met une face — pis, à Kamouraska, c'est toutes des belles face en plus ! —, quand on met une face sur une carotte, un pain, une pintade, une anguille fumée, un rêve de resto; quand on écoute l'histoire de la vigne et qu'on regarde les mains du vigneron, quand on imagine la vache qui mâchonne béatement dans le pré et que tout de suite après on imagine celui ou celle qui va la traire... Quand on retourne aux gens qui nous nourrissent vraiment, pas ceux et celles qui vident la terre et l'exploite avidement, criminellement, sans aucun scrupules, sans JAMAIS penser à demain parce que demain «on s'en contre-fiche !» et que «l'heure est aux profits sans visage et à l'empoisonnement collectif !!!»; quand on retourne donc aux gens qui nous nourrissent, on fait pu son épicerie de la même façon... Y'a une partie de mon espoir, souvent vascillant, qui réside là-dedans... Mais c'est pas de ça dont je veux vous parler... Mais oui, aussi, un peu.

Après notre tournée en Westfalia, après ces merveilleuses rencontres qui nous mettaient dangereusement en retard sur notre horaire improvisé — mais on s'en foutait pas mal pour dire vrai ! —, on est revenus à la boulangerie, dans la cuisine de la maman de Perle, chez elle, dans SA maison, et on s'est enlignés sur le souper. Un par un, les invités arrivaient... Le soleil commençait à descendre dans l'eau... Le vin à couler et la soirée à lever comme le pain de chez Niemand... Le reste ? Fallait être là ! Chu désolé... Mais pour votre consolation, des photos de Jean-François exhalent les parfums de la rencontre, du plaisir partagé ! On a fait la bouffe ensemble, dans un joyeux capharnaüm, une espèce de chaos qui s'organisait de lui-même, et on l'a partagée dans l'allégresse et dans la reconnaissance pour ceux et celles qui nous nourrissent... «Juste du bon !»

Alors, que dire sinon que : «Alléluia !» Merci la vie ! Je vous aime ! La table est un lieu sacré, un lieu d'amour... C'est l'fun de lui redonner cette place là, c'est important, je crois. (Bon, c'est sûr que quelques fois, comme l'extra à la 6/49, la table est un délicieux prélude au pieu, mais pas dans le cas qui nous occupe évidemment... Dans le cas qui nous occupe, c'était juste le pied !) On va donc r'venir s'accrocher les pieds chez vous ! On y est déjà ! On n'est jamais tout à fait partis... Je suis sûr que Jean, Mario et Jean-François sont d'accord là-dessus...

Merci Perle, Kim, Élodie, Marie-Ève, Virginie, Noël, Samuel, Samuel, Jean, Jean-François, Mario (au regard inquiet, dubitatif des fois, mais qui s'est vite laissé gagné par la vie qui faisait là ce qu'elle fait de mieux... tout en s'assurant que nous autres, abandonnés à la vie, on faisait aussi c'qu'on avait à faire !) Merci à vos amoureux et amoureuses, à vos enfants qui grouillent en quek'part et vous obligent à partir plus vite... Merci à tous ceux et celles qu'on a croisés ! Merci à ceux et celles qui nous nourrissent !

Je vous porte au meilleur de moi... C'est pas grand, grand, encore, mais c'est du monde comme vous autres qui m'aident à agrandir la place ! Allez les voir ! Vous direz que c'est moi qui vous envoie... :)

GRILLED CHEESE

GRILLED CHEESE

Ça fait deux semaines que Nathalie me relance pour que je baptise mes grilled-cheese. Je m'y refuse obstinément. Je me vois pas appeler un grilled-cheese «Le fondant», «Le dégoulinant» ou «Le Whopper» (qui est déjà pris d'ailleurs...). Ce seront des grilled-chesse sans nom... Ça sera votre job de les nommer si ça vous amuse. Mais sachez IMMÉDIATEMENT que je veux pas que quelqu'un m'accroche sur la rue pour me dire comment il les a appelés... C'est votre jardin secret! C'est comme les p'tits noms qu'on se donne dans l'intimité. Moi, j'ai toujours un malaise quand je surprends Jean-Pierre – mettons – à flatter sa blonde pendant le souper en lui disant : «Me passerais-tu le beurre ma balottine d'amour?» J'ai la même gêne avec les grilled-cheese... Je l'sens! Fait que ça vous appartient! Gardez-vous une p'tite gêne!

J'écoute *Beautiful*, de Eleni Mandell, sur l'album *Miracle of Five*, suivi de *Never Quit Loving You*, de Jill Barber, sur l'album *Chances* et je bois un verre de Celeste 2006, Crianza, Torres, Ribera Del Duero.

Le principe est simple : on met des garnitures entre deux tranches de pain beurrées et on fait griller.

LE PREMIER
- 2 tranches de pain de campagne
- 2-3 tranches minces de rôti de bœuf
- 1 tranche de cheddar à la Guinness
- poivron grillé (du commerce)

LE DEUXIÈME
- 2 tranches de pain de campagne
- 1 tranche de fromage Chèvre noir
- 15 ml (1 c. à soupe) de confiture d'oignons à l'érable (du commerce)
- 4-5 champignons de Paris, coupés en lamelles et poêlés au beurre

LE TROISIÈME
Faire rissoler la pancetta au beurre jusqu'à ce qu'elle soit légèrement croustillante. Monter le grilled-cheese en terminant avec les poires. Griller et servir.
- 2 tranches de pain de campagne au fromage
- 1 morceau de fromage pikauba, coupé en fines tranches
- 2-3 tranches de pancetta, coupées en lanières
- 1/2 recette de poires caramélisées au vinaigre balsamique

LE QUATRIÈME
Faire rissoler le jambon au beurre jusqu'à ce qu'il soit légèrement croustillant. Monter le grilled-cheese en terminant avec les poires. Griller et servir.
- 2 tranches de pain pumpernickel
- 1 tranche de jambon fumé à l'érable, grossièrement hachée
- 1 petite pointe de brie de Portneuf, coupé en fines lamelles
- 2 asperges, cuites à l'eau
- 1/2 recette de poires caramélisées au vinaigre balsamique

POIRES CARAMÉLISÉES AU VINAIGRE BALSAMIQUE
Faire fondre le beurre dans l'huile et y faire revenir les échalotes jusqu'à transparence. Ajouter les poires et bien incorporer. Verser le vinaigre, assaisonner et cuire à feu vif jusqu'à légère caramélisation.

- 1 portion
- 2 échalotes françaises, finement hachées
- 2 poires pelées, évidées, puis tranchées en lamelles de 1/2 cm
- 30 ml (2 c. à soupe) de vinaigre balsamique blanc
- 5 ml (1 c. à thé) de beurre
- 5 ml (1 c. à thé) d'huile d'olive
- sel et poivre

J'aime cette section ! On a affaire ici à des plats je dirais… «sensuels». Ça tient du principe, du mouvement, du «je t'habille pour mieux te déshabiller ensuite» ! C'est invitant quand même, non ? Voilà des plats avec lesquels on peut jouer… prendre le temps, découvrir ce qui se cache dessous… et je vous assure que c'est toujours surprenant, jouissif, explosif ! Des plats qui s'effeuillent, qui se laissent désirer… des plats qui installent une espèce de triangle amoureux entre vous, ce qui se cache sous… et vos convives ! Des heures de plaisir. Ça se fait ou ça se mange en écoutant une liste de lecture qui comprend au moins absolument ceci :

You Can Leave Your Hat On, de Joe Cocker	Écoute, de Geneviève Bilodeau
C'est Extra !, de Léo Ferré	Nu au soleil, de Arthur H
Dormir avec vous Madame, de Charles Aznavour	Ces Petits Riens, interprétée par Stacey Kent
I Feel Love, dans l'interprétation de Jorane	Fais-moi mal Johnny !, de Boris Vian
Le Bain de minuit, de Gilbert Bécaud	Brown Skin, de India Arie
Chocolat, de Gregory Charles	Creep, de Radiohead
Smooth Operator, de Sade	Sexy M.F., de Prince
Je vais et je viens, de Gainsbourg	Killing me softly, de Fugees
I'm in You, de Peter Frampton	T'es Beau, de Pauline Croze
Lady Marmelade, dans la version Moulin Rouge	My one and only Love, de Sting (bande sonore de Leaving Las Vegas)
Déshabillez-moi, de Juliette Gréco	Je marche à toi, interprétée par Yann Perreau (Douze Hommes Rapaillés)
Smooth, de Santana et Rob Thomas	

Le reste ? J'suis pas responsable… ;) Avant, après, pendant on sert : →

EYE OPENER (SHOOTER)

Pour 4
- 4 onces de RHUM BLANC
- 2 onces de COINTREAU
- 2 onces de PASTIS
- 3 jaunes d'oeuf

PASSER LE TOUT AU MÉLANGEUR !

Bonne CHANCE !
ÇA VA ÊTRE UNE BELLE VEILLÉE !

PAPILLOTES DE CREVETTES COCO-CARI

Dans un petit cul-de-poule, mélanger le lait de coco, le cari, l'ail écrasé, l'huile et le gingembre râpé. Ajouter le jus des deux limes et bien incorporer. Rouler les crevettes dans le mélange coco-cari et laisser mariner 15 minutes.

À l'aide d'une mandoline, tailler les carottes et les panais en fines rondelles. Au centre des carrés de papier aluminium, disposer les légumes en alternance de façon à former un paillasson et mouiller avec la marinade. Déposer les crevettes sur les légumes et verser le reste de la marinade.

Refermer les papillotes et mettre à cuire durant 10 à 12 minutes dans un four préchauffé à 200 °C (400 °F).

4 portions
- 40 crevettes crues et décortiquées (format 31–40)
- 300 ml (1 1/4 t) de lait de coco
- 5 ml (1 c. à thé) de cari
- 2 gousses d'ail, écrasées
- 30 ml (2 c. à soupe) d'huile de sésame blanche
- 30 ml (2 c. à soupe) de gingembre râpé
- 2 limes, pour le jus
- 60 ml (1/4 t) de coriandre hachée
- 4 carottes
- 4 panais
- 4 carrés de papier aluminium ou de papier parchemin de 30 cm de côté
- sel et poivre

LA SUGGESTION DE MICHEL — Marlborough Sauvignon blanc, Churton (Nouvelle-Zélande) 10750091 (20,60 $)

PAPILLOTES DE MÉROU, CHÈVRE ET CITRON

Battre le fromage de chèvre avec le beurre, le zeste de citron et la marjolaine réduite en poudre. Assaisonner.

À l'aide d'une mandoline, couper les carottes en lamelles, de façon à former de longs rubans. Couper le blanc des échalotes en tronçons et le vert en fines rondelles. Mouiller les carottes et les blancs d'échalotes de quelques gouttes d'huile, les assaisonner et les répartir au centre des carrés de papier aluminium.

Tartiner les pavés de poisson avec le mélange chèvre-citron et les déposer sur les légumes. Parsemer le tout de rondelles d'échalotes et refermer les papillotes.

Cuire au barbecue, à chaleur directe, pendant 10 minutes, puis à chaleur indirecte, 5 minutes, ou de 12 à 15 minutes dans un four préchauffé à 175 °C (350 °F).

4 portions

- 4 pavés de mérou, de flétan ou de mahi-mahi (175 à 200 g chacun)
- 185 ml (3/4 t) de fromage de chèvre frais
- 30 ml (2 c. à soupe) de beurre ramolli
- 1/2 citron, pour le zeste
- 2,5 ml (1/2 c. à thé) de marjolaine séchée
- 4 carottes
- 4 échalotes vertes
- 4 carrés de papier aluminium ou de papier parchemin, de 30 cm de côté
- huile d'olive
- sel et poivre

LA SUGGESTION DE MICHEL « comme attablé au port du Pirée » — **Notios blanc, Péloponnise, Gaia (Grèce)** +10700924 (16,05 $)

POMMES DE TERRE SURPRISE

POMMES DE TERRE SURPRISE J'aime la patate! Sous toutes ses formes! Je pourrais faire ben des affaires pour la purée de Martin Picard! Mais ici, c'est autre chose... C'est pernicieux... Tu le sais que ça va être cochon, mais une fois dans la bouche, ça explose!!!

À faire en écoutant *I Wish* de Stevie Wonder et en buvant des bulles... Oui, oui!

Faire chauffer les piments anchos sur la flamme vive ou dans une poêle en fonte, jusqu'à ce qu'ils deviennent souples. Fendre les piments en deux, retirer les graines, la tige ainsi que le placenta et les mettre à tremper dans un peu d'eau pendant 10 minutes. Retirer les piments de l'eau de trempage, les égoutter et les déposer dans un mortier avec l'ail, le Cayenne, les quatre-épices et les épices à steak et réduire le tout en une pâte dense mais lisse.

Faire chauffer un peu d'huile dans une poêle à fond épais et y faire revenir l'oignon pendant 3 minutes ou jusqu'à légère coloration. Ajouter la pâte d'épices, bien incorporer et cuire pendant 2 minutes. Transférer le tout dans une petite assiette et réserver.

Couper le dessus des pommes de terre de façon à obtenir un chapeau d'environ 1,5 cm d'épaisseur. À l'aide d'une cuiller parisienne, évider les pommes de terre en prenant soin de ne pas percer la peau et les réserver dans un bol rempli d'eau froide. Hacher grossièrement la chair de trois pommes de terre et réserver le reste pour un usage ultérieur.

Dans un grand cul-de-poule, déposer le bœuf haché, la chair à saucisse, les cubes de fromage et le mélange oignon-épices, saler et pétrir jusqu'à ce que le tout soit homogène. Égoutter les pommes de terre, saler l'intérieur et les farcir avec l'appareil au bœuf. Ne pas trop remplir, de façon à ce que les couvercles s'ajustent parfaitement. S'il reste de la farce, l'envelopper dans une double épaisseur de papier aluminium. Badigeonner l'extérieur des pommes de terre avec un peu d'huile et les emballer dans du papier aluminium. Mettre à cuire pendant 1 heure dans un four préchauffé à 200 °C (400 °F).

4 portions
- 4 grosses pommes de terre Yukon Gold ou Idaho (type pomme de terre au four)
- 2 piments anchos
- 2 gousses d'ail
- 2,5 ml (1/2 c. à thé) de Cayenne
- 2,5 ml (1/2 c. thé) de quatre-épices
- 5 ml (1 c. à thé) d'épices à steak (sans sodium)
- 1 oignon moyen, émincé
- 250 g (1/2 lb) de bœuf haché
- 250 g (1/2 lb) de chair à saucisse italienne forte
- 125 g (1/4 lb) de cheddar extra-fort (Britannia 5 ans, l'ancêtre 3 ans), coupé en dés de 1 cm
- huile végétale
- sel

LA SUGGESTION DE MICHEL « beaucoup d'épices, de fumé et de corps, sans lourdeur » — Bière IPA, L'Alchimiste (8.99 $ pour 6 canettes)

PAPILLOTES DE POULET, ORANGE ET ÉPICES DOUCES

Dans un grand cul-de-poule, mettre le sirop d'érable, le zeste et le jus d'une orange, la coriandre moulue et la cardamome, le vinaigre de cidre, le gingembre, l'ail et l'huile de sésame, assaisonner et monter en marinade.

Couper les hauts de cuisses de poulet en trois sur le sens de la longueur et les déposer au fur et à mesure dans la marinade. Bien mélanger, couvrir et laisser mariner au frigo pendant deux heures en remuant de temps en temps. Peler à vif la deuxième orange et en lever les suprêmes. Réserver.

Répartir les lamelles de bébés bok choy au centre de quatre carrés de papier aluminium. Déposer les morceaux de poulet marinés sur le dessus et arroser avec le reste de la marinade. Sceller les papillotes et mettre à cuire de 25 à 30 minutes dans un four préchauffé à 190 °C (375 °F). Ouvrir les papillotes, décorer avec les suprêmes d'orange et la coriandre hachée et servir aussitôt.

4 portions
- 5-6 hauts de cuisses de poulet, désossés (env. 800 g)
- 30 ml (2 c. à soupe) de sirop d'érable
- 2 oranges
- 5 ml (1 c. à thé) de coriandre moulue
- 2 gousses de cardamome, moulues
- 30 ml (2 c. à soupe) de vinaigre de cidre
- 22,5 ml (1,5 c. à soupe) de gingembre haché
- 2 gousses d'ail, finement hachées
- 45 ml (3 c. à soupe) d'huile de sésame blanche
- 4 bébés bok choy, effeuillés et coupés en lamelles
- 30 ml (2 c. à soupe) de feuilles de coriandre hachées
- 4 carrés de papier aluminium ou de papier parchemin de 30 cm de côté
- sel et poivre

LA SUGGESTION DE MICHEL — Campo de Borja Tres Picos 2007, Bodegas Borsao 10362380 (21,55 $)

PAPILLOTES DE POMMES DE TERRE, ENCORE!

Cochon? C'est pas le mot! C'est vraiment : ENCORE!

Ça se fait sur le barbecue en écoutant *What a Day* de Greg Laswell, sur l'album *Artists Den, vol. 3 : Hudson Street Recordings (Live)* ou, pour surprendre tout l'monde, *Elle était belle* de Gregory Charles, sur l'album *Loin de la lumière...*

Réunir tous les ingrédients dans un grand cul-de-poule et bien mélanger le tout. Répartir le mélange au centre de deux grands carrés de papier aluminium et refermer les papillotes hermétiquement. Découper deux autres carrés de papier aluminium, enrouler de nouveau les papillotes et refermer hermétiquement.

Cuire de 30 à 40 minutes sur le barbecue, à chaleur indirecte, ou dans un four préchauffé à 190 °C (375 °F), en remuant et en tournant les papillotes toutes les 10 minutes.

6 portions

- 6 pommes de terre Yukon Gold de grosseur moyenne, pelées et coupées en cubes de 2,5 cm
- 1 oignon rouge, grossièrement haché
- 1 gousse d'ail, hachée
- sel fumé
- poivre noir ou mélange de 5 ou 8 poivres
- 45 ml (3 c. à soupe) de vinaigre balsamique blanc
- 45 ml (3 c. à soupe) de sirop d'érable
- 5 brins de thym
- 60 ml (1/4 t) d'huile d'olive

Comment c'est arrivé ? (Comme un genre d'hommage à Isabel Richer)

À lire en écoutant *Tu m'aimes-tu?*, de Richard Desjardins.

Souvent on me demande : « Comment c'est arrivé, dans votre vie, cette passion pour la bouffe ? » Comme souvent dans ma vie, les belles choses, les choses signifiantes et qui m'ont amené au meilleur de moi, me sont arrivées par une femme. C'est dans l'ordre des choses, c'est d'même, « quesse-tu veux » ?

On est en 1990 environ. Ben c'est l'année où Richard Desjardins sortait *Tu m'aimes-tu?* et que je venais de trouver, de découvrir un équivalent québécois à Brel, Brassens, Ferré... Je capotais... Si j'ai pas écouté cet album 2 000 fois en un an, je l'ai pas écouté du tout ! Je suis jeune comédien, j'ai pas beaucoup de job, je suis relativement pauvre (en fait, je fais un salaire que je n'ose même pas évoquer ici tellement il est dérisoire), je suis amoureux et je vis depuis déjà deux ans avec Isabel Richer (mais c'est pas elle ma blonde...). C'est par elle que c'est arrivé. Des fois, y'a des gens qui, sans le savoir, vont avoir une influence déterminante sur votre parcours. Déjà, par son histoire familiale, Isabel est sensible aux « choses de la table ». Déjà, elle « trippe » bouffe. Mais on n'a pas une cenne, Isabel étudie à l'École nationale de théâtre et on mange souvent du couscous. Sans doute écœurés de souvent manger la même chose, on a décidé de faire la preuve qu'on peut être créatif avec c'qu'on a, même si c'est peu... C'est une deuxième nature chez nous, les comédiens. Faire plus avec moins. D'ailleurs le système, l'« industrie » ambitionne pas mal là-dessus, mais ça, c'est le sujet d'un autre débat que je n'ouvrirai pas ici...

Alors, c'est comme ça que c'est arrivé. Isabel, sans le savoir, m'a ouvert la caverne d'Ali Baba, et depuis, je ne cesse d'avoir faim de tout... Je suis insatiable... Et des fois trop, j'en conviens... Mais je me soigne... Merci Isabel !

TAMALES AU BŒUF

J'écoute *Kansas City,* de Trini Lopez, sur l'album *Trini Lopez: Lationo Legends Series* et je bois un rhum and Coke, mais c'est pour la forme !

Retirer les feuilles extérieures des épis de maïs. À l'aide d'un couteau de chef, couper la pointe et la base des épis, de façon à ce qu'ils soient tous de la même longueur. Dérouler l'enveloppe de feuilles, retirer celles qui sont trop fibreuses, conserver les épis pour un usage ultérieur et déposer le reste des feuilles dans un grand cul-de-poule. Couvrir le tout d'eau bouillante et laisser tremper pendant 20 minutes en remuant de temps en temps.

Retirer les feuilles de maïs de l'eau, les égoutter et les étendre côte à côte et bien à plat sur un plan de travail recouvert d'un linge propre. Recouvrir d'un second linge, déposer une plaque à pâtisserie sur le dessus, lester le tout d'un poids et laisser reposer pendant 30 minutes. Mélanger tous les autres ingrédients. Réserver.

Disposer les feuilles de façon à former six rectangles, prêts à recevoir la farce. Mélanger tous les ingrédients de la farce en réservant la coriandre pour le service. Réserver. Répartir l'appareil au bœuf au centre de ces enveloppes et les rouler de façon à former un rouleau légèrement aplati. Ficeler aux deux bouts, enrouler le tout dans du papier aluminium et cuire sur le barbecue pendant 15 minutes, à chaleur indirecte, ou dans un four préchauffé à 175 °C (350 °F) de 15 à 20 minutes.

Pour une version plus typique, retirer le papier aluminium pour les cinq dernières minutes de cuisson et déposer les tamales directement sur la grille du barbecue, à chaleur directe, de façon à bien marquer les feuilles de maïs des deux côtés. Pour une version plus rapide, préparer la farce, l'enrouler dans deux épaisseurs de papier aluminium et cuire selon les indications ci-dessus.

Garnir de coulis de poivrons rouges et décorer avec la coriandre fraîche.

Donne 12 tamales

- 6 épis de maïs
- 450 g (1 lb) de bœuf haché
- 15 ml (1 c. à soupe) de chili mexicain
- 15 ml (1 c. à soupe) de graines de coriandre concassées
- 7,5 ml (1/2 c. à soupe) de tabasco
- 7,5 ml (1/2 c. à soupe) de « sweet chili sauce »
- 7,5 ml (1/2 c. à soupe) d'origan mexicain séché
- 2 gousses d'ail, finement hachées
- 1 petit oignon rouge, haché finement
- 1 morceau de chorizo de 5 cm, coupé en fine brunoise
- 185 ml (3/4 t) de cheddar fort ou de manchego râpé
- 125 ml (1/2 t) de maïs en grains
- 125 ml (1/2 t) de pois verts, frais ou congelés
- 125 ml (1/2 t) de haricots rouges cuits
- 1 grosse tomate, mondée, évidée et coupée en dés de 1/2 cm
- 1 bouquet de coriandre fraîche
- sel et poivre

TAMALES AU POULET

Retirer les feuilles extérieures des épis de maïs. À l'aide d'un couteau de chef, couper la pointe et la base des épis, de façon à ce qu'ils soient tous de la même longueur. Dérouler l'enveloppe de feuilles, retirer celles qui sont trop fibreuses, conserver les épis pour un usage ultérieur et déposer le reste des feuilles dans un grand cul-de-poule. Couvrir le tout d'eau bouillante et laisser tremper pendant 20 minutes en remuant de temps en temps.

Retirer les feuilles de maïs de l'eau, les égoutter et les étendre côte à côte et bien à plat sur un plan de travail recouvert d'un linge propre. Recouvrir d'un second linge, déposer une plaque à pâtisserie sur le dessus, lester le tout d'un poids et laisser reposer pendant 30 minutes. Mélanger tous les autres ingrédients. Réserver. Disposer les feuilles de façon à former six rectangles, prêts à recevoir la farce. Réserver.

Disposer l'appareil au poulet au centre de ces enveloppes et rouler de façon à former un rouleau légèrement aplati. Ficeler aux deux bouts, enrouler le tout dans du papier aluminium et cuire sur le barbecue pendant 15 minutes, à chaleur indirecte, ou dans un four préchauffé à 175 °C (350 °F) de 15 à 20 minutes.

Pour une version plus typique, retirer le papier aluminium pour les 5 dernières minutes de cuisson et déposer les tamales directement sur la grille du barbecue, à chaleur directe, de façon à bien marquer les feuilles de maïs des deux côtés
Pour une version plus rapide, préparer la farce, l'enrouler dans deux épaisseurs de papier aluminium et cuire selon les indications ci-dessus.

Accompagner d'une crème aux épices fumées.

6 portions
- 6 épis de maïs
- 750 ml (3 t) de poulet cuit, haché
- 45 ml (3 c. à soupe) d'épices cajuns
- 5 ml (1 c. à thé) de sel fumé
- 5 ml (1 c. à thé) de paprika fumé (doux ou fort)
- 250 ml (1 t) de cheddar fort râpé
- 125 ml (1/2 t) de pois verts, frais ou congelés
- 125 ml (1/2 t) de maïs en grains
- 125 ml (1/2 t) de haricots rouges cuits

ÉPICES CAJUN

Concasser tous les ingrédients ensemble dans un mortier ou au moulin à café, de façon à obtenir une poudre fine et homogène.

Donne 125 ml
- 45 ml (3 c. à soupe) de paprika doux
- 5 ml (1 c. à thé) de Cayenne
- 15 ml (1 c. à soupe) de poivre noir
- 45 ml (3 c. à soupe) de poudre d'ail
- 7,5 ml (1/2 c. à soupe) de thym séché

LA SUGGESTION DE MICHEL — Salice Salentino 2004, Taurino 411892 (16,00 $)

CRÈME AUX ÉPICES FUMÉES

Mettre tous les ingrédients dans un petit cul-de-poule et bien incorporer. Déposer le tout au frigo et laisser reposer pendant 30 minutes.

Donne 350 ml

250	ml (1 t) de yogourt nature
80	ml (1/3 t) de crème fraîche
5	ml (1 c. à thé) d'épices à grillades fumées
2,5	ml (1/2 c. à thé) de poudre d'ail fumé
1/2	lime, pour le jus
1/2	orange, pour le jus
3	c. à soupe de poudre d'ail
1/2	c. à soupe de thym

COULIS DE POIVRONS ROUGES

Dans un faitout, faire revenir l'oignon et l'ail sur feu moyen-doux, pendant 5 minutes ou jusqu'à très légère coloration. Ajouter les tomates séchées et le chorizo et poursuivre la cuisson pendant 2 minutes. Ajouter les poivrons, bien enrober et laisser mijoter pendant 5 minutes. Ajouter 750 ml de fond de veau et le thym, assaisonner et cuire à frémissements, à découvert, pendant 30 minutes.

Retirer le thym, verser l'appareil dans la tasse d'un robot-mélangeur et pulser jusqu'à consistance onctueuse en ajoutant un peu de fond de veau au besoin. Se congèle très bien.

Donne 500 ml

5	poivrons rouges, évidés et coupés en lamelles
1	oignon rouge de taille moyenne, grossièrement haché
4	gousses d'ail, finement hachées
5	tomates séchées, finement hachées
1	morceau de chorizo de 10 cm, finement haché
750	ml à 1 l (3 à 4 t) de fond de veau ou de volaille
5	brins de thym frais
	huile pour la cuisson
	sel et poivre

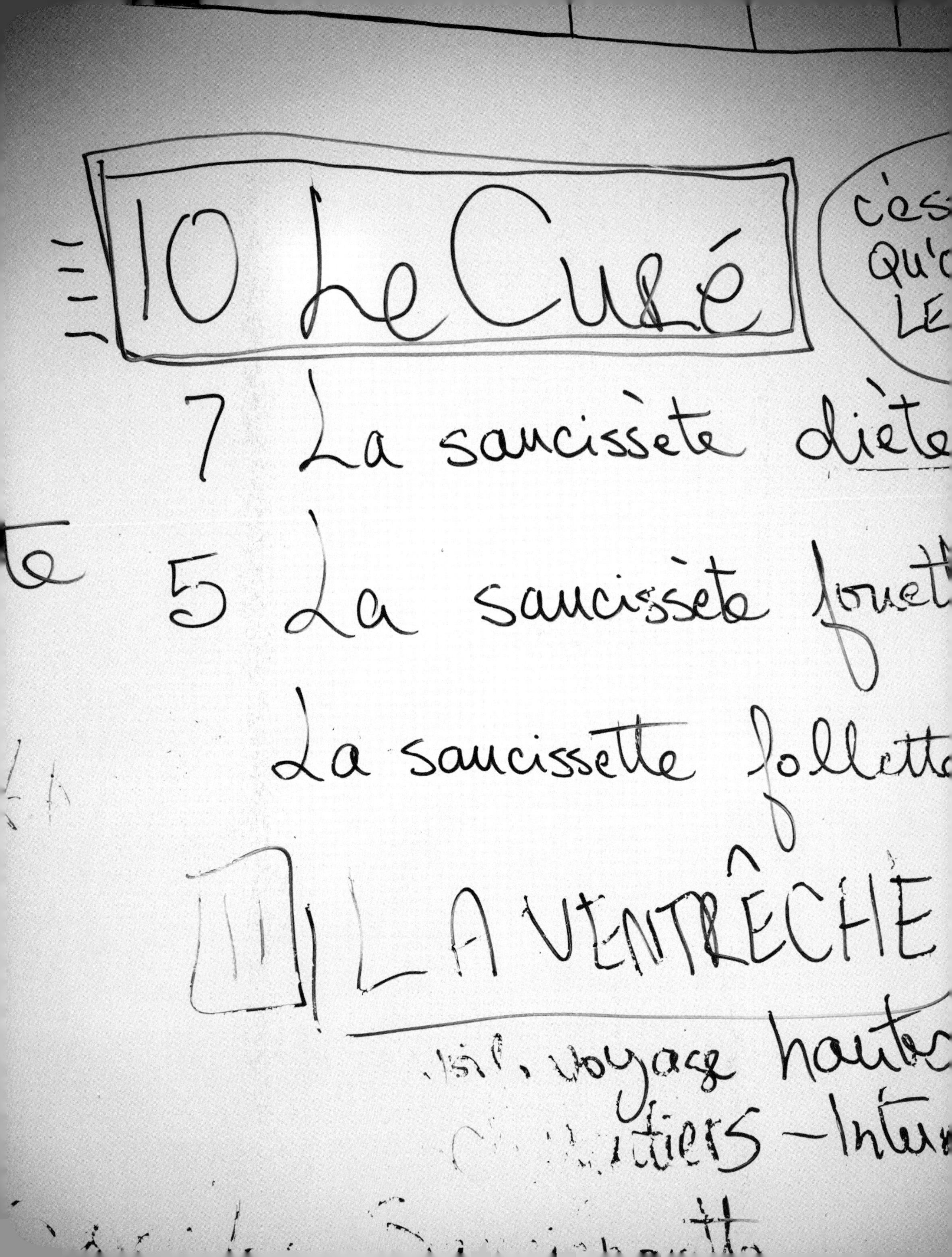

10 Le Curé

7 La saucissete diète

5 La saucissete fouet

La saucissette follette

LA VENTRÊCHE

voyage haut
tiers - Inter

MITONNÉS

BŒUF AUX TOMATILLOS

Bon, c'est cliché, mais le cliché naît du réel… Fait que faut quand même mettre la bonne musique : *Besame Mucho,* interprétée par Mariachi Vargas de Tecalitlan (tiré de *La Mas Completa Coleccion*).

Dans un grand faitout ou une cocotte allant au four, faire chauffer l'huile et y faire colorer la pièce de bœuf des deux côtés. Retirer et réserver.

Dans le même faitout, faire fondre l'oignon et l'ail pendant 3 minutes, ou jusqu'à légère coloration. Couper les saucisses en quatre, les ajouter au mélange ail-oignon et poursuivre la cuisson pendant 5 minutes. Déglacer avec la bière en raclant bien le fond de la casserole et laisser réduire de moitié. Ajouter tous les autres ingrédients, sauf le fond de veau et bien incorporer.

Enfouir la pièce de bœuf dans les garnitures et ajouter suffisamment de fond pour couvrir la viande aux trois quarts, en ajoutant un peu de fond ou d'eau au besoin. Amener à ébullition, couvrir et mettre à cuire 2 heures dans un four préchauffé à 175 °C (350 °F).

C'est meilleur le lendemain, avec des tortillas fraîches et de la crème sûre.

6 à 8 portions
- 1 pièce de bœuf à braiser de 1,5 kg (palette, macreuse)
- 1 oignon moyen, haché
- 2 gousses d'ail, émincées
- 4 saucisses toulouses ou italiennes
- 125 ml (1/2 t) de bière
- 1-2 piments Serrano frais, hachés
- 125 ml (1/2 t) de coriandre hachée grossièrement
- 1,5 kg (3 lb) de tomatillos frais, surgelés ou en boîte
- 250 ml (1 t) de fond de veau
- huile végétale
- sel et poivre

LA SUGGESTION DE MICHEL — Fronton Don Quichotte 2006, Domaine Le Roc 10675327 (20,20 $)

PALETTE DE VEAU AU SAMOS
Un killer! Automne, hiver! Bon, réconfortant, pas nécessairement surprenant, mais riche, plein... comme une chanson de Brassens.

La Première Fille... Pourquoi pas... Puis une autre, et une autre... Pas une fille! Une chanson de Brassens! Vous avez une bien bien drôle opinion de moi! Je bois du Pinot noir, Churton Marlborough, 2006... mais pas tous les jours!

Saler et poivrer la palette et masser avec les doigts pour bien faire pénétrer. Dans une grande cocotte enduite d'une généreuse couche d'huile, faire revenir la palette jusqu'à belle coloration des deux côtés. Réserver.

Verser un peu d'huile au besoin et ajouter les échalotes et les gousses d'ail et cuire à feu moyen jusqu'à caramélisation. Déglacer avec 250 ml de Samos, en grattant bien le fond de la casserole. Remettre la palette, ajouter le fond de veau et les panais, porter à ébullition et y enfouir le bouquet de thym. Réduire le feu, couvrir à demi et laisser mijoter pendant 1 heure à feu doux en retournant la palette aux 30 minutes.

Ajouter le reste du Samos et laisser mijoter encore 1 heure en vérifiant le degré de cuisson à l'occasion : la viande doit se détacher à la fourchette.

Au moment de servir, retirer le thym et le panais, rectifier l'assaisonnement et servir le jour même ou le lendemain. Pour une texture plus onctueuse, diluer 15 ml de fécule de maïs dans 60 ml d'eau froide et l'ajouter au jus de cuisson.

6 à 8 portions
- 1 belle palette de veau avec os de 1,5 kg (3 lb)
- 6 échalotes françaises, grossièrement hachées
- 8 à 10 gousses d'ail en chemise
- 500 ml (2 t) de Samos (vin de dessert à base de raisins muscats)
- 500 ml (2 t) de fond de veau
- 2 panais, coupés en tronçons
- 8 à 10 brins de thym frais, assemblés en bouquet
- huile pour la cuisson
- sel et poivre

LA SUGGESTION DE MICHEL « pour se déglacer le palais » — Soave Vignetto di Foscarino 2007 00907428 (27,25 $)

LAPIN AUX CHANTERELLES

Dans un grand faitout, faire fondre les lardons dans une cuiller d'huile, à feu doux, jusqu'à légère coloration; ils doivent rester bien moelleux. Retirer les lardons et réserver. Essuyer les morceaux de lapin, les rouler dans la farine additionnée de sel et de poivre et les faire revenir dans le gras des lardons, en les tournant régulièrement de façon à ce qu'ils soient dorés de tous les côtés. Réserver.

Ajouter une cuiller d'huile dans le faitout et y faire revenir les chanterelles à feu vif, jusqu'à complète évaporation de l'eau de végétation. Ajouter l'oignon et l'ail, réduire le feu et poursuivre la cuisson pendant 5 minutes ou jusqu'à ce que les chanterelles soient bien dorées. Verser le cognac et flamber. Déglacer avec le cidre, racler le fond de la casserole et laisser réduire de moitié. Verser le fond de volaille, assaisonner et enfouir le bouquet garni dans la sauce.

Déposer les morceaux de lapin sur les chanterelles, remettre les lardons et amener le tout à ébullition. Couvrir et mettre à cuire pendant 40 minutes dans un four préchauffé à 175 °C (350 °F). Au moment de servir, retirer les morceaux de lapin du bouillon et les réserver au chaud.

Amener le jus de cuisson à ébullition et laisser réduire de moitié. Retirer du feu, ajouter la crème et bien incorporer. Remettre sur le feu et laisser réduire au besoin.

4 portions
- 1 lapin coupé en 7 morceaux
- 125 ml (1/2 t) de farine tout usage
- 100 g (1/2 t) de poitrine fumée coupée en lardons
- 1 l (4 t) de chanterelles coupées en bouchées
- 1 oignon, émincé
- 2 gousses d'ail, émincées
- 80 ml (1/3 t) de cognac
- 125 ml (1/2 t) de cidre
- 500 ml (2 t) de fond de volaille
- 1 bouquet garni (5 feuilles de sauge, 3-4 brins de thym)
- 125 ml (1/2 t) de crème 35 % (facultatif)
- 30 ml (2 c. à soupe) d'huile
- sel et poivre

LA SUGGESTION DE MICHEL « pas juste un moulin à paroles, mais aussi un sémillon sémillant » — Bergerac Sec, Moulin des Dames, Château Tour des Gendres 701896 (35,75 $)

LONGE DE PORC À L'AIL FUMÉ ET À L'ÉRABLE

J'ai improvisé ça à Saint-Alban. Une méga-surprise à l'arrivée!

Quand j'y pense, j'écoute *My Favorite Things*, de Al Jarreau et Kathleen Battle, sur l'album *Tenderness* (live). Mais quand je vais le refaire, je vais m'offrir Coral Egan, tout l'album *Magnify*!

Sortir le rôti une heure à l'avance.

Dans un petit cul-de-poule, mélanger la moutarde, le sirop d'érable et la sauge hachée. Réserver.

Badigeonner le rôti d'une belle couche d'huile d'olive, saupoudrer d'ail fumé et faire pénétrer le tout en massant bien du bout des doigts. Dans une grande casserole, faire colorer le rôti de tous les côtés, réserver et laisser tempérer.

Dans la même casserole, ajouter un peu d'huile au besoin et y faire revenir les oignons jusqu'à coloration, déglacer avec le vinaigre d'érable et réduire à presque sec. Badigeonner le rôti du mélange moutarde-sirop-sauge. Déposer le rôti sur les oignons, verser le bouillon et enfourner une heure à couvert dans un four préchauffé à 175 °C (350 °F), en arrosant aux 15 minutes. Retirer le couvercle, arroser une dernière fois et poursuivre la cuisson pendant 15 minutes, ou jusqu'à ce que le thermomètre affiche une température à cœur de 65 à 70 °C (150 à 160 °F).

Laisser reposer pendant 10 minutes, couper en tranches épaisses et saupoudrer d'une pincée de poudre d'ail fumé. Accompagner des cubes d'oignons confits et du jus de cuisson.

4 à 6 portions

1	rôti de longe de porc de 1,2 à 1,5 kg (2,5 à 3 lb)
30 ml	(2 c. à soupe) de moutarde de Dijon
125 ml	(1/2 t) de sirop d'érable
20	feuilles de sauge, hachées
15 ml	(1 c. à soupe) de poudre d'ail fumé
3	oignons, coupés en cubes
3	c. à soupe de vinaigre d'érable
250 ml	(1 t) de bouillon de poulet
	huile d'olive
	poudre d'ail fumé (pour le service)
	sel et poivre

À lire en écoutant We Are the Champions, de Queen.

VOYAGE DANS LE TEMPS

ON EST EN 1979-80. ÇA FAIT QUATRE ANS QUE JE SUIS PENSIONNAIRE DANS UN COLLÈGE À LAVAL DONT JE TAIRAI LE NOM, MAIS C'EST UN COLLÈGE À LAVAL QUI PORTE BIEN SON NOM... ET LES CHOSES ONT CHANGÉ DEPUIS, JE LE SAIS BIEN.

JE SUIS EN CINQUIÈME SECONDAIRE. JE SUIS FINISSANT. PLEIN D'ACNÉ ET FINISSANT. JE GARDE PLUTÔT UN BON SOUVENIR DE MES ANNÉES DE PENSIONNAT. VRAIMENT. VRAIMENT BEAUCOUP. SEULEMENT, Y'A COMME QUELQUE CHOSE QUI ME RESTE « EN TRAVERS D'LA GORGE »... UN SOUVENIR PÉNIBLE, INDÉLÉBILE ET NAUSÉABOND : LA BOUFFE DE LA CAFÉTÉRIA ! C'ÉTAIT ÉPOUVANTABLE, INDESCRIPTIBLE... EN FAIT, RÉTROSPECTIVEMENT, J'SUIS PAS CONVAINCU QUE C'ÉTAIT DESTINÉ À DES HUMAINS... SINON DE FAÇON EXPÉRIMENTALE. NOUS ÉTIONS, SANS LE SAVOIR, DES ESPÈCES DE COBAYES... ET DE TOUT C'QUE J'AI MANGÉ DANS MA VIE - <u>TOUT!</u> -, RIEN N'ÉGALE EN TERMES DE... DE... J'AI PAS DE MOTS POUR ÇA, LE REPAS DU VENDREDI MIDI. LE VENDREDI MIDI, LE CHEF OU LE BOURREAU OU LE SAVANT FOU, ÇA DÉPEND, DANS UN ÉLAN D'INSPIRATION MEURTRIER, NOUS FAISAIT EN ALTERNANCE OU UN PÂTÉ CHINOIS OU UN PAIN DE

VIANDE... C'EST ÇA EN TOUT CAS QUI ÉTAIT ÉCRIT SUR LE TABLEAU... J'VEUX DIRE Y'APPELAIT ÇA D'MÊME... DANS LES FAITS, C'ÉTAIT – OH MON DIEU! –, C'ÉTAIT, UNE FOIS «PITCHÉ» DANS NOS ASSIETTES, UNE ESPÈCE DE GIBELOTTE INFORME, MALODORANTE, MULTICOLORE ET FRANCHEMENT DÉGUEULASSE, FAITE À PARTIR DES RESTES DE LA SEMAINE. MAIS BON, T'AS 15-16 ANS, T'ES EN PLEINE CROISSANCE, <u>FAUT QUE TU MANGES!</u> C'EST DURANT CES ANNÉES QUE J'AI DÉCOUVERT LES VERTUS INCROYABLES DU KETCHUP. PIS C'ÉTAIT MÊME PAS DU HEINZ, C'ÉTAIT DU KETCHUP PAS BON, PAS D'MARQUE, PIS QUI DEVAIT SE VENDRE AU CONTAINER SUR LE MARCHÉ NOIR. MAIS Y FAISAIT LA JOB. CELLE, INDISPENSABLE, D'ANÉANTIR LE GOÛT DE QUOI QUE CE SOIT D'AUTRE DANS NOS BOUCHES AFFAMÉES. J'AI MANGÉ ÇA PENDANT CINQ ANS! J'VOUS RACONTE ÇA JUSTE POUR VOUS DIRE QUE LES DEUX RECETTES QUI SUIVENT SONT UNE RÉPONSE DIRECTE À CETTE AGRESSION. UN GENRE DE «DOIGT D'HONNEUR», AVEC UN SOURIRE EN COIN QUAND MÊME...

ELLES SONT DONC DÉDIÉES À MES ANCIENS CAMARADES ET AU «CHEF» QUI, RAPPELEZ-VOUS, LES GARS, AVAIT L'AIR AUSSI DÉGOÛTANT QUE SON <u>BIP-BIP</u> DE PÂTÉ CHINOIS... DIEU AIT SON ÂME, NOUS SOMMES ENCORE VIVANTS!

PAIN DE VIANDE AGNEAU ET FETA

Dans une grande poêle à fond épais, faire sauter l'oignon, le poivron et l'ail, jusqu'à légère coloration. Ajouter les carottes et le céleri et poursuivre la cuisson pendant 2 minutes. Ajouter le bouillon et la moutarde, bien incorporer et réduire à sec. Retirer du feu et laisser refroidir.

Dans un grand cul-de-poule, mettre la viande, la chapelure, les œufs, le lait et la sauge et pétrir à pleines mains. Ajouter les légumes refroidis et bien incorporer. Ajouter la feta en travaillant du bout des doigts, de façon à ne pas trop l'émietter.

Transvider l'appareil dans deux moules à pain de 1 litre et recouvrir le plus hermétiquement possible avec du papier aluminium. Mettre à cuire dans un four préchauffé à 175 °C (350 °F) pendant 1 heure, ou jusqu'à ce que le thermomètre à viande indique 75 °C (165° F). Servir chaud ou froid, accompagné d'une mayonnaise à la sauge.

6 à 8 portions

- 1 kg (2 lb) d'agneau haché
- 1 oignon rouge, grossièrement haché
- 1 poivron rouge, vidé et coupé en dés
- 2 gousses d'ail, hachées
- 2 carottes, coupées en brunoise
- 2 branches de céleri, coupées en brunoise
- 250 ml (1 t) de bouillon de poulet
- 15 ml (1 c. à soupe) de moutarde de Dijon
- 185 ml (3/4 t) de chapelure
- 2 œufs
- 125 ml (1/2 t) de lait
- 10 feuilles de sauge, ciselées (ou 15 ml/1 c. à soupe, si séchée)
- 250 ml (1 t) de fromage feta, très grossièrement émietté
- huile pour la cuisson
- sel et poivre

MAYONNAISE À LA SAUGE

Mélanger tous les ingrédients et laisser reposer une heure au frigo avant de servir.

- 250 ml (1 t) de mayonnaise du commerce
- 15 ml (1 c. à soupe) de sauge fraîche finement hachée
- 1/2 citron, pour le jus
- sel et poivre

PÂTÉ CHINOIS, BOUDIN ET CANARD CONFIT

J'écoute *The Tracks Of My Tears*, de Dawn Tyler et Paul Deslauriers, sur l'album *Duo* et je bois du Cono Sur, Reserva, Pinot noir, Chili. Et quand je le mange, j'écoute Philippe B et Guillaume Arseneault… Tout ce qu'ils font !

Désosser et dégraisser les cuisses de canard, effilocher la chair et réserver.

Dans une grande poêle antiadhésive, faire sauter l'oignon jusqu'à légère coloration. Ajouter la chair de boudin et poursuivre la cuisson en remuant constamment, de façon à ce que le boudin reste bien émietté. Déglacer avec le vinaigre et poursuivre la cuisson pendant 5 minutes. Ajouter le thym et la chair de canard et bien incorporer. Transvider le mélange dans un plat à pâté chinois en pyrex et réserver.

Cuire les pommes de terre à l'eau bouillante salée. Réduire les pommes de terre en purée en ajoutant 60 ml de beurre, puis le lait chaud, en battant bien de façon à obtenir une purée lisse et aérienne. Ajouter le jus de citron et la roquette, assaisonner et bien incorporer. Étaler la purée sur le mélange boudin-canard, mettre à cuire de 20 à 30 minutes dans un four préchauffé à 175 °C (350 °F).

Lorsque le pâté chinois est prêt, faire fondre le beurre dans la poêle qui aura servi pour le boudin et faire revenir les tranches de poires, jusqu'à légère coloration. Déglacer avec le Noilly Prat et réduire à sec.

Déposer les poires sur le pâté chinois et passer sous le gril, juste le temps de les caraméliser. Servir aussitôt.

4 à 6 portions

- 3 cuisses de canard, confites
- 1 oignon rouge moyen, haché
- 450 g (1 lb) de boudin noir, pelé et émietté
- 45 ml (3 c. à soupe) de vinaigre de xérès
- 5-6 brins de thym frais, effeuillés
- 8 pommes de terre Yukon Gold de taille moyenne, pelées et coupées en quartiers
- 80 ml (1/3 t) de beurre
- 125 ml (1/2 t) de lait chaud
- 1 citron, pour le jus
- 250 ml (1 t) de roquette ciselée
- 80 ml (1/3 t) de Noilly Prat ou de vin blanc
- 2 poires à chair ferme (Bosc, Rocha)
- huile pour la cuisson
- sel et poivre

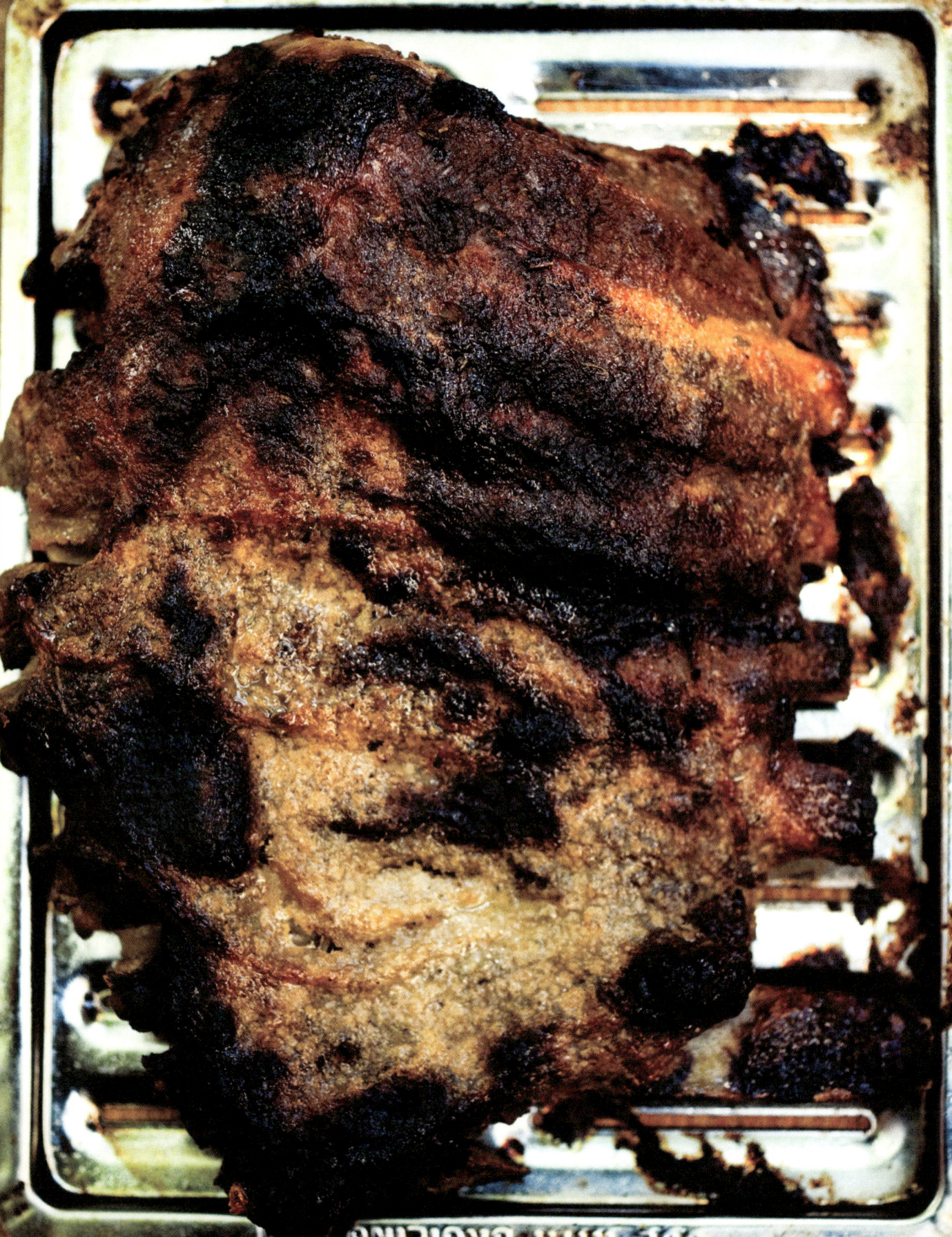

CÔTES LEVÉES DE PORC AUX POMMES

Mélanger la compote de pommes, le quatre-épices, le romarin et le sirop d'érable. Réserver.

Dans un grand faitout, amener le fond de porc à ébullition et y plonger les côtes levées. Si les côtes ne sont pas totalement immergées, ajouter de l'eau à niveau. Amener à ébullition, baisser le feu, couvrir à demi et cuire à frémissement pendant 1 heure, ou jusqu'à ce que la chair soit tendre, sans toutefois se défaire. Une fois cuits, retirer les morceaux de côtes du bouillon et réserver ce dernier pour un autre usage.

Déposer les morceaux de porc côte à côte dans un grand plat allant au four ou sur une plaque recouverte de papier aluminium. Badigeonner généreusement le porc des deux tiers de la compote de pommes épicée, couvrir et mettre à cuire 30 minutes dans un four préchauffé à 175 °C (350 °F).

Le temps de cuisson écoulé, hausser la température du four à 200 °C (400 °F), badigeonner de nouveau de compote de pomme épicée et poursuivre la cuisson pendant 15 minutes.

Au moment de servir, passer le tout à gril, de façon à donner une belle couleur caramel à la surface des côtes.

4 portions
- 1,5 litre de fond de porc aromatique ou autre
- 1,5 kg (3 lb) de côtes levées de porc
- 375 ml (1 1/2 t) de compote de pommes non sucrée
- 2,5 ml (1/2 c. à thé) de quatre-épices
- 1 tige de romarin frais, effeuillée
- 45 ml (3 c. à soupe) de sirop d'érable
- 1 l (4 t) de bouillon de porc aromatique

BOUILLON DE PORC AROMATIQUE

Laver et brosser le jarret et le pied de porc, les déposer au fond d'un grand faitout en inox, couvrir d'eau froide et amener à ébullition. Laisser frémir pendant 15 minutes, en écumant régulièrement. Le temps écoulé, retirer les morceaux de porc et jeter l'eau. Laver le faitout, y remettre les morceaux de porc, ajouter tous les autres ingrédients, couvrir d'eau et amener le tout à ébullition. Baisser le feu, couvrir à demi et laisser frémir pendant deux heures, ou jusqu'à ce que la chair s'effiloche aisément, en ajoutant de l'eau au besoin. Le temps de cuisson écoulé, retirer le jarret et le pied et réserver la chair pour un usage ultérieur. Filtrer le bouillon de cuisson et le remettre dans le faitout. Amener à ébullition et laisser réduire de moitié. Passer le bouillon à l'étamine et mettre au frigo pendant une nuit, le temps que le gras se sépare et monte à la surface. Protégé par sa couche de gras, le bouillon se conserve une semaine au frigo. Dégraisser avant l'utilisation.

Donne 1,5 l
- 1 jarret de porc
- 1 pied de porc
- 500 ml (2 t) de vin blanc
- 1 carotte
- 1 oignon
- 1 branche de thym
- 1 clou de girofle
- 1 feuille de laurier
- 2,5 ml (1/2 c. à thé) de poivre noir, concassé
- 2,5 ml (1/2 c. à thé) de gros sel gris

LA SUGGESTION DE MICHEL — Coteaux du Languedoc Bronzinelle 2007, St-Martin de la Garrigue 10268588 (18,05 $)

CALMARS FARCIS AUX CHAMPIGNONS

Dans une grande poêle à fond épais, faire revenir l'ail et les échalotes jusqu'à légère coloration. Ajouter les champignons et sauter jusqu'à cuisson complète. Verser le vin blanc et réduire à sec. Retirer du feu et laisser refroidir. Retirer les tentacules des calmars et nettoyer les corps à l'eau courante, en prenant soin de les vider de tout résidu. Retirer les têtes et les becs et hacher les tentacules grossièrement.

Dans un grand cul-de-poule, déposer le hachis de calmars, le porc haché, l'œuf, la chapelure, le thym, le zeste de citron et l'appareil aux champignons refroidi. Hacher deux tranches de jambon cru, de façon à obtenir environ 85 ml, et les ajouter au porc haché. Assaisonner, puis pétrir le tout à pleines mains jusqu'à l'obtention d'une texture homogène. Farcir les corps de calmars et les refermer à l'aide de cure-dents. Déposer la farce restante au centre d'un carré de papier aluminium et fermer le tout le plus hermétiquement possible.

Dans un grand poêlon, faire chauffer une bonne couche d'huile et l'infuser à feu doux pendant quelques minutes, avec la dernière gousse d'ail coupée en quatre. Retirer l'ail de l'huile et y faire revenir les calmars farcis, jusqu'à coloration uniforme de tous les côtés. Couper les 4 tranches de jambon sec restantes, de façon à obtenir 8 lanières. Enrouler chaque calmar farci dans une lanière de jambon et les déposer côte à côte dans un plat rectangulaire de 20 cm x 30 cm. Verser le bouillon de crevettes et ajouter suffisamment d'eau pour couvrir à mi-hauteur. Recouvrir d'une feuille d'aluminium, enfourner à 350 °F et cuire pendant 1 heure. La cuisson complétée, laisser tempérer, puis mettre au frigo jusqu'au lendemain.

Le lendemain, retirer les calmars du bouillon et les mettre à chauffer au four à 350 °F, à couvert, pendant 30 minutes. Dégraisser et filtrer finement le bouillon de cuisson et le réduire de moitié. Lier avec la crème et réduire du tiers ou jusqu'à consistance onctueuse. Ajouter le jus de citron et réserver. Attendrir les feuilles de bette à la vapeur, bien égoutter, les déposer dans le jus lié et les enrober en les tournant délicatement. Répartir les feuilles de bette gorgées de sauce au centre de 4 assiettes de service et y déposer les calmars farcis. Verser le reste du jus de cuisson dans 4 ramequins et servir aussitôt.

4 portions
- 8 gros calmars, avec têtes et tentacules
- 3 gousses d'ail, finement hachées
- 2 échalotes françaises, finement hachées
- 750 ml (3 t) de champignons mélangés coupées en lamelles
- 80 ml (1/3 t) de vin blanc
- 225 g (1/2 lb) de porc haché
- 1 œuf
- 125 ml (1/2 t) de chapelure
- 3-4 brins de thym, effeuillés
- 1/2 citron, pour le zeste et le jus
- 6 grandes tranches de jambon cru (Prosciutto, Parme ou autre)
- 250 ml de bouillon de crevettes ou de volaille (voir recette de soupe de crevettes au lait de coco)
- 60 ml (1/4 t) de crème
- 2 litres bien tassés, de feuilles de bette ou d'épinard, équeutées et déchirées en bouchées.
- huile pour la cuisson
- sel et poivre

ÉPAULE D'AGNEAU AU CURCUMA Ça, c'est une recette que je fais depuis longtemps. C'est ce qu'on appelle un «sure bet»... Pas compliqué, mais ça en jette quand même! Un classique... À manger avec une purée de pommes de terre... qui se mélange avec la sauce... pis qui se finit avec du pain pour «laver» l'assiette... Mioum!

À préparer en écoutant un classique revisité, *Because*, des Beatles, dans la version de *Across the Universe*.
Je bois... encore!

Écraser le curcuma avec l'ail et quelques gouttes d'huile, de façon à former une pâte grossière. Dans un petit cul-de-poule, mélanger le yogourt avec la pâte au curcuma, ajouter l'huile de noisette et bien assaisonner. Déposer les morceaux d'épaule côte à côte dans un plat allant au four, couvrir avec le mélange au yogourt et laisser mariner toute la nuit.

Le lendemain, mettre à cuire une heure dans un four préchauffé à 200 °C (400 °F), en retournant les tranches d'épaule aux 15 minutes et en badigeonnant au besoin. Au moment de servir, répartir les noisettes grillées sur toute la surface et servir aussitôt, à même le plat de cuisson. Ça se mange avec les mains!

---

4 portions
- 1 épaule d'agneau coupée en 6
- 1 racine de curcuma frais
  ou
- 2 c. à soupe de poudre de curcuma
- 1 gousse d'ail
- 375 ml (1 1/2 t) de yogourt nature
- 60 ml (1/4 t) d'huile de noisette, de noix ou de sésame blanche
- 125 ml (1/2 t) de noisettes grillées et concassées (facultatif)
- sel et poivre

POULET PAS POSSIBLE! Cette recette me vient de deux amies chères à mon cœur, Marie Charlebois et Renée Cossette, qui, elles, la tiennent de quelqu'un d'autre. Donc, les origines sont obscures. Mais c'est, DE MA VIE, le meilleur poulet que j'ai mangé! Et je vous assure que tous ceux qui y ont goûté ont littéralement capoté! C'est comme on aime : croustillant à l'extérieur et juteux à l'intérieur... C'est trop parfait! Bon, ça salit un peu le four — n'est-ce pas Perle? —, mais c'est quoi avoir la tête dans le four une petite demi-heure pour tant de plaisir? Avec la gang de Kamouraska, on l'a fait avec de la pintade de Kim et c'était extra! D'ailleurs, Kim a farci une des deux pintades et je vous offre en prime « la farce de Kim », qui, soit dit en passant, est un sacré farceur... On peut aussi faire cette fabuleuse recette avec un gigot d'agneau... Là encore, c'est que du bonheur!

À faire dans le capharnaüm et en écoutant la vie, qui est pas pire ma foi!

Préchauffer le four à 200 °C (400 °F). Superposer les grilles du four de façon à ce que celle du haut puisse accueillir le poulet et que celle du bas soit placée juste en dessous. Enduire généreusement le poulet d'huile d'olive, le saler sur toute sa surface et le masser avec les doigts afin de faire pénétrer le tout. Déposer le poulet sur le dos, directement sur la grille du haut.

Répartir les légumes pêle-mêle dans une grande plaque allant au four recouverte d'un papier aluminium et la glisser sur la grille du dessous de façon à ce que le jus et le gras du poulet puissent s'écouler sur les légumes.

Cuire pendant 1 h 15, ou jusqu'à ce que la peau du poulet soit bien croustillante, en tournant la bête et en remuant les légumes aux 15 minutes.

4 à 6 portions
- 1 poulet entier (env. 2 kg/4 lb)
- 12 pommes de terre rattes
- 3-4 poivrons rouges, évidés et coupés en quartiers
- 3-4 panais, carottes, ou tout autre légume racine, coupés en tronçons de 5 cm
- huile d'olive
- sel de mer

LA FARCE DE KIM

Dans un poêlon à fond épais, faire revenir l'oignon et l'ail dans un peu d'huile. Ajouter les cœurs, les foies et la ventrèche. Bien saler et poivrer généreusement. Poursuivre la cuisson jusqu'à ce que les foies soient rosés à cœur et ajouter les herbes. Déglacer avec le vinaigre et réduire à sec. Fourrer le poulet avec la farce et retenir le tout par un croûton de pain, pour empêcher la farce de sortir en cours de cuisson.

4 à 6 portions
- 10 cœurs de volaille (pintade, poulet, dinde), coupés en très petits morceaux
- 10 foies de volaille (pintade, poulet, dinde), coupés en très petits morceaux
- 200 g de ventrèche, coupée en lardons (bacon, lard fumé)
- 1 oignon, émincé
- 1 gousse d'ail, émincée
- 1 bouquet d'herbes fraîches au choix, hachées finement (persil, sarriette, cerfeuil...)
- 80 ml (1/3 t) de vinaigre de prune (ou de xérès)
- huile pour la cuisson
- sel et poivre

Quelques notions intéressantes... Comme le bacon, la ventrèche est de la poitrine de porc fumée. Sa particularité est qu'elle est étuvée et séchée, ce qui lui confère une texture et un goût ressemblant à ceux du saucisson sec... La ventrèche est, entre autres, tout à fait délicieuse pour faire revenir de la choucroute!

Comparé aux autres volailles, la pintade présente l'avantage d'offrir une bonne quantité de chair par rapport au poids de la carcasse (bref, on ne paie pas pour les os!). En ce qui a trait au goût, elle est à mi-chemin entre le poulet et la perdrix. Sa poitrine est plutôt blanche et ses cuisses très brunes lorsqu'elle est élevée à l'extérieur. La pintade est un oiseau gibier élevé au Québec depuis les tout premiers débuts de la colonie.

SLOPPY JOE À L'INDIENNE
Juste le nom m'inspire... C'est dire qu'une fois dans l'assiette, ça tient sa promesse!

La dernière fois que je l'ai faite, c'était *Yesterday Once More* **des Carpenters qui jouait... Mais c'est vraiment pas obligé! En fait, j'irais plus avec** *Lost Someone*, **interprétée par Cat Power, sur l'album** *Jukebox...* **J'dis ça d'même... Avec un verre de Cuvée La Procure, Côtes de Provence, 2007, Dupéré-Barrera.**

Peler et couper les oignons en quartiers, les déposer dans la tasse d'un robot et réduire en purée. Faire chauffer 2 cuillers d'huile dans une grande poêle à fond épais et y verser la purée d'oignon. Cuire sur feu moyen en remuant régulièrement, pendant 15 minutes, ou jusqu'à ce que la purée prenne une belle couleur dorée et uniforme. Ajouter les épices, le sel et le poivre et cuire pendant 2 minutes.

Égoutter les dés de tomates, les réduire en purée et ajouter le tout aux oignons caramélisés et poursuivre la cuisson pendant 5 minutes ou jusqu'à ce que l'huile perle en surface.

Faire chauffer 2 cuillers d'huile dans une autre poêle à fond épais et y faire revenir le bœuf haché en le cassant grossièrement, de façon à conserver de gros grains. À mi-cuisson, verser le vin rouge et le fond de volaille et réduire de moitié. Ajouter le bœuf cuit au mélange tomates-oignons, verser le lait de coco, ajouter la menthe séchée et la moitié du sucre de palme, bien incorporer, goûter et ajouter du sucre au goût.

Servir avec du pain nan ou des tortillas de maïs et de la crème sûre, ou mieux, avec du tzatziki.

4 à 6 portions
- 2 gros oignons espagnols
- 22,5 ml (1 1/2 c. à soupe) de cari
- 2,5 ml (1/2 c. à thé) de piment d'Espelette (ou autre)
- 1 boîte de tomates en dés (796 ml)
- 450 g (1 lb) de bœuf haché
- 125 ml (1/2 t) de vin rouge
- 125 ml (1/2 t) de fond de veau ou de volaille
- 185 ml (3/4 t) de lait de coco
- 7,5 ml (1/2 c. à soupe) de menthe séchée
- 15 à 30 ml (1 à 2 c. à soupe) de sucre de palme râpé ou de sirop d'érable
- huile végétale
- sel et poivre

TZATZIKI
Mélanger le tout et servir bien frais.

Donne 375 ml
- 125 ml (1/2 t) de yogourt pressé (de type labneh ou méditerranée)
- 125 ml (1/2 t) de crème sûre
- 1 à 2 gousses d'ail, pressées ou finement émincées
- 250 ml (1 t) de concombre, pelé, épépiné, râpé et égoutté
- sel et poivre

 LA SUGGESTION DE MICHEL — Campo de Borja, Tocado, Bodegas Borsao 10845701 (8,95 $)

CARRÉ DE COCHON À L'AIL CONFIT

À se rouler à terre en écoutant Madame Moustache, tout l'album *Au nom du Countr(i)*, et en buvant juste ce qu'il faut... pas trop ! J'écoute *The Wolves*, de Bon Iver, tiré de l'album *For Emma, Forever*.

Faire mariner le carré de cochon dans la saumure épicée pendant cinq heures.

Égoutter le carré et le déposer debout sur le côté plat, dans un chaudron à peine plus grand que sa largeur mais assez haut pour contenir le morceau au complet. Jeter les gousses d'ail au fond du chaudron, verser le fond et couvrir. Mettre à cuire dans un four préchauffé à 200 °C (400 °F) une quarantaine de minutes ou jusqu'à ce que la température à cœur oscille entre 55 et 60 °C (entre 130 et 140 °F). Retirer du four, déposer le carré sur une plaque et le badigeonner avec le sirop d'érable. Remettre au four 15 minutes, en badigeonnant aux 5 minutes.

Lorsque le carré est cuit (entre 65 et 70 °C/150 et 160 °F), verser le fond dans des petits bols individuels et y répartir les gousses d'ail confites. Détailler le carré et servir aussitôt. L'ail devient un condiment et est particulièrement délicieux badigeonné sur du pain frais ou des croûtons, puis trempé dans le bouillon chaud.

4 portions

- 1 carré de cochon de 4 côtes
- 1 recette de saumure aux épices
- 12 gousses d'ail en chemise
- 250 ml (1 t) de fond de veau ou de cochon
- 80 ml (1/3 t) de sirop d'érable

SAUMURE AUX ÉPICES

Déposer tous les ingrédients dans un chaudron en inox et amener le tout à ébullition. Laisser frémir pendant 10 minutes, retirer du feu, filtrer et laisser refroidir complètement avant d'y déposer la viande.

Donne 1 litre

- 60 ml (1/4 t) de sel
- 30 ml (2 c. à soupe) de sucre
- 1 l d'eau
- 1 étoile de badiane
- 2 clous de girofle
- 1/3 de bâton de cannelle
- 2 enveloppes de macis
- 10 ml (2 c. à thé) de graines de coriandre, concassées
- 5 ml (1 c. à thé) de grains de poivre noir, concassés
- 5 ml (1 c. à thé) de grains de poivre de Sichuan, concassés
- 1 feuille de laurier
- 2 branches de thym
- 1 branche de romarin
- 4 baies de genévrier
- 10 ml (2 c. à thé) de graines de fenouil, concassées

LA SUGGESTION DE MICHEL « Accent du Sud » — Cannonau di Sardegna, Argiolas 972380 (19,35 $)

PILONS DE POULET, TOMATES ET CINQ-ÉPICES

Mélanger le cinq-épices, la purée d'ail, l'huile d'olive et le jus de lime, saler et poivrer et monter en marinade. Rouler les pilons de poulet dans la marinade, couvrir et mettre le tout au frigo pendant deux heures, en remuant de temps en temps.

Dans une grande poêle à fond épais, chauffer 3 cuillers à soupe d'huile et y faire dorer les pilons de poulet en les retournant de tous les côtés, de façon à ce qu'ils soient colorés uniformément. Réserver. Dans la même poêle, faire revenir l'oignon et le poivron jusqu'à légère coloration. Déglacer avec le vin blanc et réduire jusqu'à presque sec.

Égoutter les dés de tomates, les ajouter au mélange oignon-poivron et laisser compoter 5 minutes en remuant régulièrement. Verser la sauce dans un plat à four et y enfouir les pilons côte à côte. Mettre à cuire 1 heure à découvert dans un four préchauffé à 200 °C (400 °F), en retournant les pilons aux 20 minutes.

4 portions
- 8 pilons de poulet avec peau
- 22,5 ml (1,5 c. à soupe) de cinq-épices
- 2 gousses d'ail, pressées
- 4 c. à soupe d'huile d'olive
- 1 lime, pour le jus
- 1 oignon moyen, coupé en lamelles
- 1 poivron jaune, coupé en cubes
- 80 ml (1/3 t) de vin blanc
- 1 boîte de tomates en dés (796 ml)
- huile végétale
- sel et poivre

LA SUGGESTION DE MICHEL — Nero d'Avola, Sicilia IGT, Morgante 10542946 (17,35 $)

ESCALOPES DE DINDE ROULÉES, COMPOTE AUX DEUX OLIVES

Dans une casserole à fond épais, faire chauffer 2 cuillers à soupe d'huile d'olive et mettre l'oignon et l'ail à compoter doucement, pendant 10 minutes. Ajouter les olives et laisser compoter 5 minutes en remuant régulièrement. Ajouter le sirop d'érable et le vin, amener à ébullition et réduire à sec. Verser la moitié du fond de légumes, assaisonner et laisser compoter à feu doux, jusqu'à presque sec, mais encore bien moelleux. Retirer du feu, couvrir et laisser tiédir.

Étendre les escalopes de dinde côte à côte sur une planche à découper et les tartiner généreusement avec la compote d'olives refroidie. Rouler les escalopes sur elles-mêmes, de façon à former des rouleaux de diamètre égal et les retenir fermées à l'aide d'un cure-dent.

Faire chauffer une poêle antiadhésive et y verser 2 cuillers à soupe d'huile. Faire revenir les rouleaux de dinde, en les tournant de tous les côtés, de façon à ce qu'ils soient uniformément dorés. Verser le reste du fond de légumes, couvrir et cuire à frémissement pendant 15 minutes. Servir aussitôt, accompagné du jus de cuisson.

4 portions
- 8 escalopes de dinde (env. 8 x 15 cm)
- 160 ml (2/3 t) d'oignon rouge coupé en fines lamelles
- 2 gousses d'ail, émincées
- 125 ml (1/2 t) d'olives noires séchées à la marocaine, coupées en fines lamelles
- 125 ml (1/2 t) d'olives vertes, coupées en fines lamelles
- 15 ml (1 c. à soupe) de sirop d'érable
- 160 ml (2/3 t) de vin blanc ou de cidre fort
- 375 ml (1,5 t) de fond de légumes ou de volaille
- 8 cure-dents
- huile d'olive

LA SUGGESTION DE MICHEL — Emporda Saulo 2007, Espelt 10856241 (15,30 $)

SAUMON FONDANT, COMPOTE D'ENDIVES, ÉRABLE ET PAMPLEMOUSSE

Tailler les endives et les échalotes en lamelles sur le sens de la longueur. Peler les pamplemousses à vif et lever les suprêmes, en prenant soin de récupérer le jus.

Dans une grande poêle à fond épais, faire fondre le beurre dans 15 ml d'huile et y faire tomber les lamelles d'endives et d'échalotes, jusqu'à transparence. Ajouter le jus des pamplemousses et laisser réduire de moitié. Ajouter le vinaigre et le sirop d'érable, assaisonner et laisser réduire à feu vif, jusqu'à l'obtention d'une texture de marmelade. Réserver.

Huiler une plaque allant au four, y déposer les pavés de saumon assaisonnés et mettre le tout à cuire pendant 10 minutes dans un four préchauffé à 150 °C (300 °F). Remettre la compote d'endives sur feu vif, ajouter la moitié des suprêmes de pamplemousse et laisser le tout caraméliser, en remuant régulièrement.

Au moment de servir, répartir la compote d'endives dans quatre assiettes, y déposer les pavés de saumon. Décorer de suprêmes de pamplemousse crus et de quelques grains de poivre rose. Servir aussitôt.

4 portions
- 4 pavés de saumon (175 à 200 g chacun)
- 6 à 8 endives
- 2 échalotes françaises
- 2 gros pamplemousses roses (ou 3 petits)
- 30 ml (2 c. à soupe) de vinaigre de xérès ou de cidre
- 30 ml (2 c. à soupe) de sirop d'érable
- 5 ml (1 c. à thé) de poivre rose, concassé
- 30 ml (2 c. à soupe) de beurre
- sel et poivre

LA SUGGESTION DE MICHEL — Quincy Beaucharme 2007, Domaine Sylvain Bailly 11154232 (18,90 $)

- **16** Kebab d'agneau
- **84** Papillotes de pommes de terre, ENCORE!
- **101** Bœuf aux tomatillos

- 41 Soupe aux pois verts et panais

SAINT-ALBAN

- 107 Longe de porc à l'ail fumé et à l'érable

À lire en buvant une bière de micro-brasserie et en écoutant *Hard Days Night,* des Beatles, *Travailler c'est trop dur,* de Zachary Richard ou *9 to 5* de Dolly Parton... Encore mieux : *L'orange,* de Gilbert Bécaud...

Comté de Portneuf, Saint-Alban, rang Saint-Joseph. Quatre-cinq fermes. Toutes bios! Maraîchers, éleveurs de poulet, de boeuf, de veau, d'agneau, de bison... Jeunes, moins jeunes... Eux aussi, la marmaille pas loin, pas trop... Eux aussi, accueillants, plus discrets, moins « explosifs »... En plein travail! L'été a pas été facile. Là, y fait beau depuis une coupl'de jours, faut mettre les bouchées doubles! On arrive les quatre gars, pis je sens qu'on le « feel » différemment... J'essaie de voir qu'est-ce que ça sent? Ça sent-tu le plaisir? La gêne? Le doute? Le malaise? Y a un peu de tout ça qui flotte dans l'air... Mais par-dessus tout, ça sent le travail. Francine, qui nous accueille dans sa cuisine — on s'est invités chez elle, l'air de rien! —, est copropriétaire avec son mari, François, du ranch d'Alton. Ils élèvent du bison et de l'agneau de façon naturelle.

Quand on arrive, François est aux champs, Francine travaille. C'est à dire qu'en plus de travailler à la ferme, elle est traductrice. Elle écrit aussi. C'est une vraie fille de la ville qui a tout quitté pour changer de vie. Amoureuse. Elle a donc épousé François et cette vie. C'est pas rien... Cette vie, je veux dire. C'est une vie de fou! On a tous, enfin... J'AI souvent des rêves romantiques de tout quitter pour aller vivre sur une terre.

Combien de fois, quand je manquais de job, quand je doutais de moi, je me suis dis : «Esti que j'irais planter des patates!»

Jamais! Je ne le ferai jamais! Et je rends grâce pour ceux et celles qui le font! Qui, il faut le dire, sacrifient une partie de leur vie à ce choix, cette vocation. Sans eux, sans elles, ça marche pu! On mange pu! Comprenez-vous ça?! Moi, ça commence de plus en plus à me rentrer dans la tête... Et, plus je côtoie ces «gens qui nous nourrissent», plus je prends la mesure de leur réalité, et de l'absence TOTALE de soutien gouvernemental dont ils et elles sont victimes. De plus, quand je vois dans quelles conditions ils et elles travaillent (et je parle pas ici des conditions climatiques dont ils sont aussi tributaires, mais, pour citer Christian de la ferme Saint-Joseph : «Ça c'est pas grave, c'est pas ça qui est grave, ça on fait avec...on peut pas s'battre contre ça...»), quand je vois qu'ils ont presque tous et toutes une deuxième job pour arriver à la fin du mois, pour passer l'hiver, quand j'entends ça à la table alors qu'on mange ce qu'ils ont

TOUT L'MONDE EN RANG, SAINT-ALBAN

produit, quand je les écoute me parler avec à la fois enthousiasme et colère, quand le vin commence à délier les mots, que la fête prend quand même parce que c'est des vivants, des vibrants qui ont tous et toutes une réalité à la fois différente et commune, quand je vois dans l'œil vif et redoutablement intelligent de Guillaume que le combat ne cessera pas et que quelque chose s'épuise en lui et que ça a justement rapport avec cet incessant combat et les enfants à la maison et la vie à mener à bout de bras, quand j'entends Francine me dire que, des fois, elle a envie de les baisser, elle, ses bras, quand dans le rire sonore et la bonhommie de Patrick je perçois une pointe d'inquiétude, quand je regarde les mains de François qui, à elles seules racontent toute une histoire, quand je rentre dans la salle de bain pis que je vois le gallon de savon à la pierre ponce, quand j'arrête le film dans ma tête ; je sais que JAMAIS j'irai planter des patates ! JAMAIS !

Mais là je veux pas dresser ici un portrait misérabiliste de leur vie ! Ils sont pas misérables ! C'est des vivants, des jouisseurs, des fêteux, des parents, des payeurs de taxes, des citoyens etc. Y font pas pitié, y ont choisi cette vie ! Seulement, je m'indigne devant le peu de valeur qu'on accorde à cette vie qui est la leur et dont nous dépendons tous et toutes en bout de ligne. Je le répète, c'est pas les géants de «l'agrobusiness» qui nourrissent la planète. Ces multinationales, ne font que du gavage, ne produisent que des ravages ! Il faut savoir, que depuis plus de cinq ans, le revenu net agricole au pays est négatif ! Il faut savoir que les gros joueurs de la méga-lucrative industrie agroalimentaire, dans leur soif inextinguible de profits, vident les champs des agriculteurs partout dans le monde à des prix vils et honteux, et qu'avec ce qu'ils volent à la terre, ce qu'ils volent aux agriculteurs, tous les conventionnels comme les bios, ils nous vendent leurs produits mille fois transformés et vides de tout, de sens autant que de valeur nutritive. Il faut savoir que ceux et celles qui nous nourrissent sont méprisés et, pour SURVIVRE, sont forcés à participer à cette *agrobusiness* de merde... Ceux et celles qui nous nourrissent, j'ai partagé la table avec eux, j'ai bien mangé en titi (ben, c'est moi qui était aux fourneaux...), j'ai ri, j'ai bu avec eux et je n'ai vu que «la pointe de l'asperge»...

Je ne sais rien de leur vie vraiment, mais je sens, intimement, qu'on ne sait rien d'eux — je veux dire nous tous — et qu'on ne prend pas la mesure de l'importance qu'ils et elles ont dans la suite du monde.

Une soirée différente et essentielle. Éclairante sans jamais sombrer dans un pessimisme paralysant. Ces gens-là travaillent fort ! «Moi aussi je travaille fort», je vous entends me répondre. J'en doute même pas... Vous savez bien que c'est pas de ça que je parle. Grâce à la série TRAUMA dans laquelle j'ai un rôle, j'ai rencontré des médecins, des infirmières, des chirurgiens qui sauvent des vies. Mon frère, que j'admire, est professeur de français au secondaire. Je sais tout ce qu'il consacre à son travail (lui aussi peu ou injustement reconnu). Mais on peut-tu s'entendre que pas de fermier, pas d'bouffe ? Pas d'bouffe, y a personne de malade c'est sûr, les classes sont vides... Y reste pu personne !!! Y'a que les vaches qui sont contentes... Pis encore ! (jeu de mots !) L'alimentation, la saine alimentation semble concerner de plus en plus de gens. Y s'est jamais produit autant d'émissions culinaires et autant vendu de livres de recettes. Vous avez le mien entre les mains. Je vous en

remercie et je prends toute la mesure du privilège que vous m'accordez. La vie est généreuse avec moi, avec vous sûrement aussi... Je veux dire dans l'ensemble de son œuvre. Mais entre vous pis moi pis la boîte à bois, on est une p'tite gang...

Des pays entiers en Afrique, en Amérique du Sud sont dépossédés de leur terre, de leur patrimoine agricole. Ce qu'on cultive au fond, dans une insouciance criminelle — je le répète —, c'est l'oubli, le déracinement. On nous «invente» de nouveaux besoins alimentaires pour nous vendre du vide à gros prix. On pulvérise notre mémoire comme on pulvérise nos champs pour les vider de toute vie. Y'a des enfants dans Hochelaga-Maisonneuve qui savent même pas que la cuisse de poulet au supermarché, ben, elle vient d'une poule ! Y'a des enfants que tout ce qu'ils connaissent d'une patate c'est «un chip BBQ» ! Y'en a même qui pensent que les bâtonnets de fromage poussent dans des arbres... J'exagère pas. C'est ça la réalité. Les fermiers d'ici en arrachent comme vous pouvez pas imaginer. Parce qu'on a rompu le contact. On a perdu la trace du «ça vient d'où, ça?» et du «qui fait pousser ça?» Pis on n'est pas à Kigali là, on est à Saint-Alban, à Saint-Jean de Matha, à Saint-Timothé. C'est à côté ! C'est dans notre cour. Notre cour asphaltée et à veille de devenir un stationnement... C'que j'essaye de dire, c'est qu'il faut redonner la place qui revient à ceux et celles qui nous nourrissent. Il faut que les gouvernements réfléchissent à ça et prennent action. Comment y dorment la nuit, eux-autres ? Y'ont pas d'enfants ? Mais c'est pas d'eux autres dont je veux parler... Mais oui, aussi un peu. Mais comme les politiciens ne feront rien, y faut aller sur une ferme, au marché public, dans les comptoirs de légumes au bord des routes pis essayer de mettre une face sur un produit. Si tout c'qui vient quand vous regardez une tomate c'est un nom de marque, ça marche pas. L'équation est pas bonne ! Faut encourager l'agriculture locale dans la mesure du possible. Faut dire non à Monsanto, aux OGM et à la monoculture. Faut connaître des Guillaume, des Francine, des Patrick et des Perle pour comprendre que c'est pas donné à tout le monde de faire pousser des patates, d'élever un veau ou de faire du pain, que c'est une crisse de job exercée par de moins en moins de monde parce qu'on les décourage, on les tue à p'tit feu... Pas parce qu'on voit grand, parce qu'on voit rien ! On veut pas voir c'qui s'en vient.... Des fois j'ai l'impression qu'on appelle la fin...

Moi, j'ai vu leurs faces, leurs belles faces un peu burinées par le temps et le travail, j'ai mangé c'qu'y font pousser ou engraisser... pis je peux plus faire comme si y avait pas une face derrière ma carotte... ou mon roastbeef... J'ai le pouvoir d'exiger de vouloir mettre une face sur ma carotte. Plus on va être à vouloir ça, plus les gens au pouvoir vont sentir la pression que ça induit sur eux, plus les choses auront des chances de changer, vraiment. Ils ne le feront pas par réelle prise de conscience, par soucis des générations à venir, mais par opportunisme politique. On s'en crisse ! On veut juste pouvoir mettre une face sur une carotte... Celle-là même qu'ils ont dans l'cul ! Oups !

Merci Patrick, Julie, Émilie, Christian, François, Francine, Guillaume et tous vos clans respectifs ! Ce fut une belle rencontre, une belle soirée, dans le genre que j'aime... Allez les voir ! Vous leur direz que c'est moi qui vous envoie... :)

SAUCES ET VÉGÉS

SALSA

À faire en écoutant *Volver, Volver*, interprétée par Chavela Vargas, et en buvant un verre de Petite Sirah, L. A. Cetto, 2006.

SALSA TOMATILLOS

Retirer le calice des tomatillos et les laver à grande d'eau, afin de retirer la pellicule de pectine qui les recouvre. Couper les tomatillos en quartiers et les déposer au fur et à mesure dans la tasse d'un mélangeur et pulser jusqu'à l'obtention d'une purée grossière. Transvider la purée obtenue dans une passoire et laisser égoutter, le temps de préparer les autres ingrédients. Hacher grossièrement l'oignon, l'ail et le piment, déposer le tout dans la tasse d'un mélangeur avec le quart de la purée égouttée et pulser de nouveau. Ajouter le jus de lime et l'huile, verser le reste de la purée, assaisonner et mixer, mais pas trop, de façon à rendre le tout homogène tout en gardant une texture grossière. C'est meilleur le lendemain.
Donne 500 ml

- 450 g (1 lb) de tomatillos frais
- 1 petit oignon blanc
- 1 gousse d'ail
- 1 piment Serrano rouge (au goût)
- 30 ml (2 c. à soupe) de coriandre hachée
- 1 lime, pour le jus
- 60 ml (4 c. à soupe) d'huile d'olive
- sel et poivre

SALSA MANGO-TANGO

Peler et détailler les mangues en cubes de 1 cm de côté et en mesurer 2 tasses. Dans un grand cul-de-poule, mélanger tous les autres ingrédients avec les cubes de mangues, rectifier l'assaisonnement, couvrir et mettre au frigo au moins deux heures avant de servir. À manger tel quel, ou en accompagnement d'un poisson blanc ou d'une volaille grillés.
Donne 500 ml

- 1-2 mangues, mûres à point
- 2 petites échalotes vertes, finement hachées
- 30 ml (2 c. à soupe) de coriandre hachée
- 1 lime, pour le jus
- 60 ml (4 c. à soupe) d'huile
- 30 ml (2 c. à soupe) de gingembre haché
- 2 radis rouges ou roses, coupés en fine brunoise
- sel et poivre

SALSA CRUDA

Monder, épépiner et concasser les tomates au couteau. Hacher finement l'oignon et le piment et ajouter le tout aux tomates. Ajouter le jus de citron (45 ml ou plus) et l'huile. Assaisonner et bien incorporer. Laisser reposer quelques heures ou jusqu'au lendemain. Au moment du service, ajouter l'herbe choisie et fraîchement hachée ainsi que quelques gouttes de jus de citron au besoin et bien incorporer.
Donne 500 ml

- 6 tomates oranges, jaunes ou rouges ou un mélange des trois
- 1 petit oignon blanc
- 1 piment Serrano vert
- Citron, pour le jus
- 45 ml (3 c. à soupe) d'huile d'olive
- 30 ml (2 c. à soupe) de basilic vert ou thaï, ou de coriandre
- sel et poivre

MARINADE SHE ROCKS!

***BLACK DOG!* LED ZEPPELIN!!! ÉVIDEMMENT! Une Black bien froide! « Bin tins! »**

Mettre tous les ingrédients dans un petit cul-de-poule et monter en vinaigrette.

Donne 250 ml

- 250 ml (1 t) d'huile d'olive
- 1 gousse d'ail, hachée
- 1 poignée d'herbes fraîches, hachées (basilic, thym, romarin, sauge, aneth, etc.)
- 30 ml (2 c. à soupe) de sirop d'érable
- 5 ml (1 c. à thé) de vinaigre balsamique
- 5 ml (1 c. à thé) d'épices à grillade fumées Smoke
- 5 ml (1 c. à thé) de chutney au tamarin
- sel et poivre

CURRY DE LÉGUMES

Faire chauffer un wok et y faire revenir l'ail, l'échalote, la citronnelle et le gingembre dans 1 cuiller à table d'huile pendant 2 minutes, sans coloration. Ajouter le curcuma et la pâte de curry et poursuivre la cuisson pendant 2 minutes. Déglacer avec le vin blanc et laisser compoter à feu doux, jusqu'à presque sec. Ajouter le lait de coco et laisser frémir à découvert pendant 5 minutes. Ajouter le fond de volaille et amener à ébullition. Ajouter les légumes blanchis, assaisonner et cuire à couvert sur feu doux pendant 5 minutes.

Prélever le zeste d'une demi-lime et le détailler en fines lamelles. Faire bouillir une tasse d'eau et y blanchir les lamelles de zeste pendant une minute, les égoutter et les hacher grossièrement. Ajouter les lamelles de zeste et le jus de lime au mélange de légumes et poursuivre la cuisson à découvert, jusqu'à cuisson complète.

4 portions
- 2 gousses d'ail, finement hachées
- 1 échalote française, finement hachée
- 15 ml (1 c. à soupe) de citronnelle émincée
- 15 ml (1 c. à soupe) de gingembre râpé
- 2,5 ml (1/2 c. à thé) de curcuma en poudre
- 2,5 ml (1/2 c. à thé) de pâte de curry rouge
- 80 ml (1/3 t) de vin blanc
- 185 ml (3/4 t) de lait de coco
- 80 ml (1/3 t) de fond de volaille
- 1 lime, pour le zeste et le jus
- 1,5 l (6 t) de légumes blanchis (congelés ou restes de la veille), coupés en gros morceaux (céleri-rave, divers choux, diverses courges, maïs en grains, rutabaga, rabiole, carottes, panais, etc.)
- huile végétale
- sel et poivre

LA SUGGESTION DE MICHEL — Campo de Borja, Bodegas Borsao 10324623 (11,95 $)

MOELLEUX D'AUBERGINE AU CUMIN

Préchauffer le four à 200 °C (400 °F). Couper les aubergines en deux dans le sens de la longueur, les badigeonner d'huile d'olive, les assaisonner et les déposer, côté peau vers le bas, sur une plaque allant au four. Enfourner et cuire pendant 20 minutes, ou jusqu'à ce que les aubergines soient cuites à cœur.

Dans un grand faitout, fondre l'ail et l'oignon à feu doux pendant 5 minutes. Ajouter le cumin et poursuivre la cuisson 5 minutes. Retirer la peau des aubergines, concasser la chair encore tiède, en mesurer 2 bonnes tasses et l'ajouter au mélange ail-oignon. Bien incorporer. Assaisonner, ajouter le fond de légumes, couvrir et laisser mijoter pendant 15 minutes, en remuant vigoureusement aux 5 minutes. Ajouter les tomates et le maïs, bien incorporer et poursuivre la cuisson de 5 à 10 minutes, ou jusqu'à consistance très onctueuse.

Servir bien chaud, avec une pièce de saumon ou de volaille grillée ou tiède, sur des croûtons.

4 portions
- 4 petites aubergines (+/- 15 cm)
- 2 gousses d'ail, hachées
- 1 oignon rouge, haché
- 5 ml (1 c. à thé) de cumin, concassé
- 250 ml (1 t) de fond de légumes ou de volaille
- 1 grosse tomate rouge, mondée, épépinée et coupée en brunoise
- 375 ml (1 1/2 t) de maïs en grains
- huile d'olive
- sel et poivre noir

PURÉE DE CHOU-FLEUR AU LAIT DE COCO

J'ai un problème avec le chou-fleur, je dois vous l'avouer… Ben ici, c'est réglé !

Défaire le chou-fleur en le séparant en petits bouquets. Déposer l'ail, l'oignon et les bouquets de chou-fleur dans une casserole à fond épais et y verser le lait de coco. Amener le tout à ébullition, assaisonner, couvrir et laisser frémir jusqu'à cuisson complète.

Égoutter en conservant le lait de cuisson. Réduire le chou-fleur en purée en y ajoutant suffisamment de lait de cuisson, de façon à obtenir une texture lisse et légère. Ajouter, soit le piment d'Espelette, soit la coriandre hachée, bien incorporer, rectifier l'assaisonnement et servir aussitôt.

4 à 6 portions
- 1 chou-fleur orange (ou blanc)
- 1 gousse d'ail
- 1 petit oignon rouge, émincé
- 1 boîte de lait de coco entier
- 2,5 ml (1/2 c. à thé) de curcuma en poudre
- 1,25 ml (1/4 c. à thé) de piment d'Espelette

  ou
- 15 ml (1 c. à soupe) de coriandre fraîche finement hachée
- sel et poivre

RAGOÛT DE LENTILLES AU CITRON CONFIT

Rincer les lentilles à grande eau et les déposer dans une casserole à fond épais. Couvrir à niveau de bouillon de volaille. Porter à ébullition et ajouter les échalotes, l'ail, la sauge et le thym et cuire à léger frémissement pendant 15 minutes.

Ajouter le citron confit, poivrer au goût et poursuivre la cuisson jusqu'à ce que les lentilles n'offrent plus qu'une très légère résistance sous la dent. Ajouter alors du bouillon ou de l'eau au besoin, de façon à obtenir une texture moelleuse et souple. Retirer du feu et laisser reposer 5 minutes.

Au moment de servir, réchauffer, saler avec le gros sel gris, ajouter le persil et lier à l'huile d'olive en travaillant délicatement pour ne pas écraser les lentilles.

4 portions

- 375 ml (1 1/2 t) de lentilles vertes, ou brunes, ou rouges (corail)
- 750 ml (3 t) de bouillon de volaille
- 2 échalotes françaises, finement émincées
- 2 gousses d'ail, finement émincées
- 4 feuilles de sauge
- 3 brins de thym
- 15 ml (1 c. à soupe) de citron confit à la marocaine
- 15 ml (1 c. à soupe) de persil haché
- 50 ml (3-4 c. à soupe) d'huile d'olive fruitée
- gros sel gris
- poivre noir

POÊLÉE DE CHANTERELLES, POIVRONS ET SALICORNE

Dans un grand poêlon à fond épais, faire fondre la moitié du beurre et y faire revenir les chanterelles jusqu'à complète évaporation de l'eau de végétation. Ajouter du beurre au besoin et faire sauter les poivrons de 3 à 4 minutes, en prenant soin de ne pas trop cuire. Poivrer à volonté, ajouter la salicorne et une pincée de fleur de sel à l'olive noire. Bien incorporer et servir aussitôt.

4 portions
- 375 ml (1 1/2 t) de chanterelles fraîches coupées en bouchées
- 3 poivrons de couleurs coupés en cubes de 1 cm
- 125 ml (1/2 t) de salicorne
- 45 ml (3 c. à soupe) de vinaigre de prune
- fleur de sel à l'olive noire (facultatif)
- 60 ml (4 c. à soupe) de beurre pour la cuisson
- sel et poivre

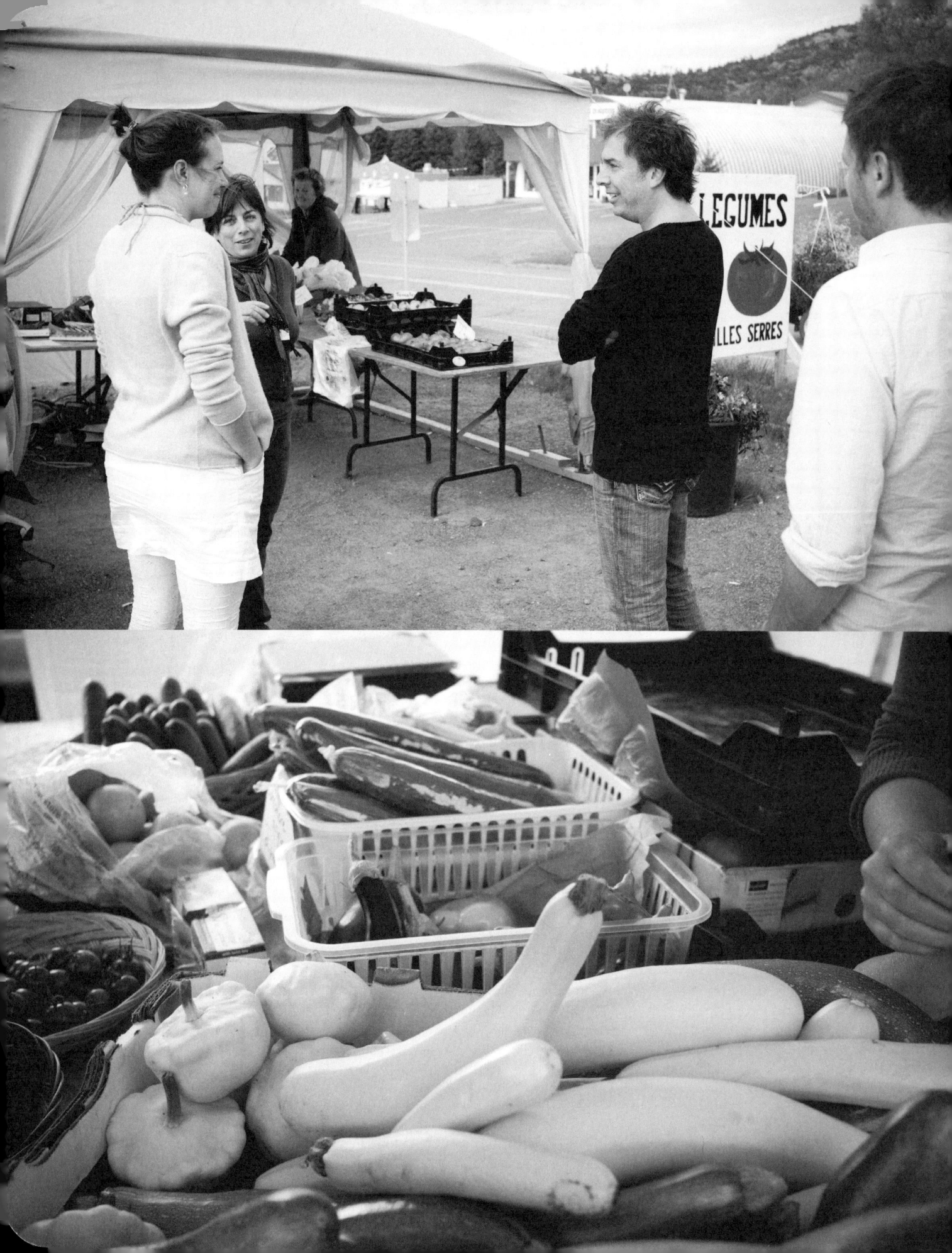

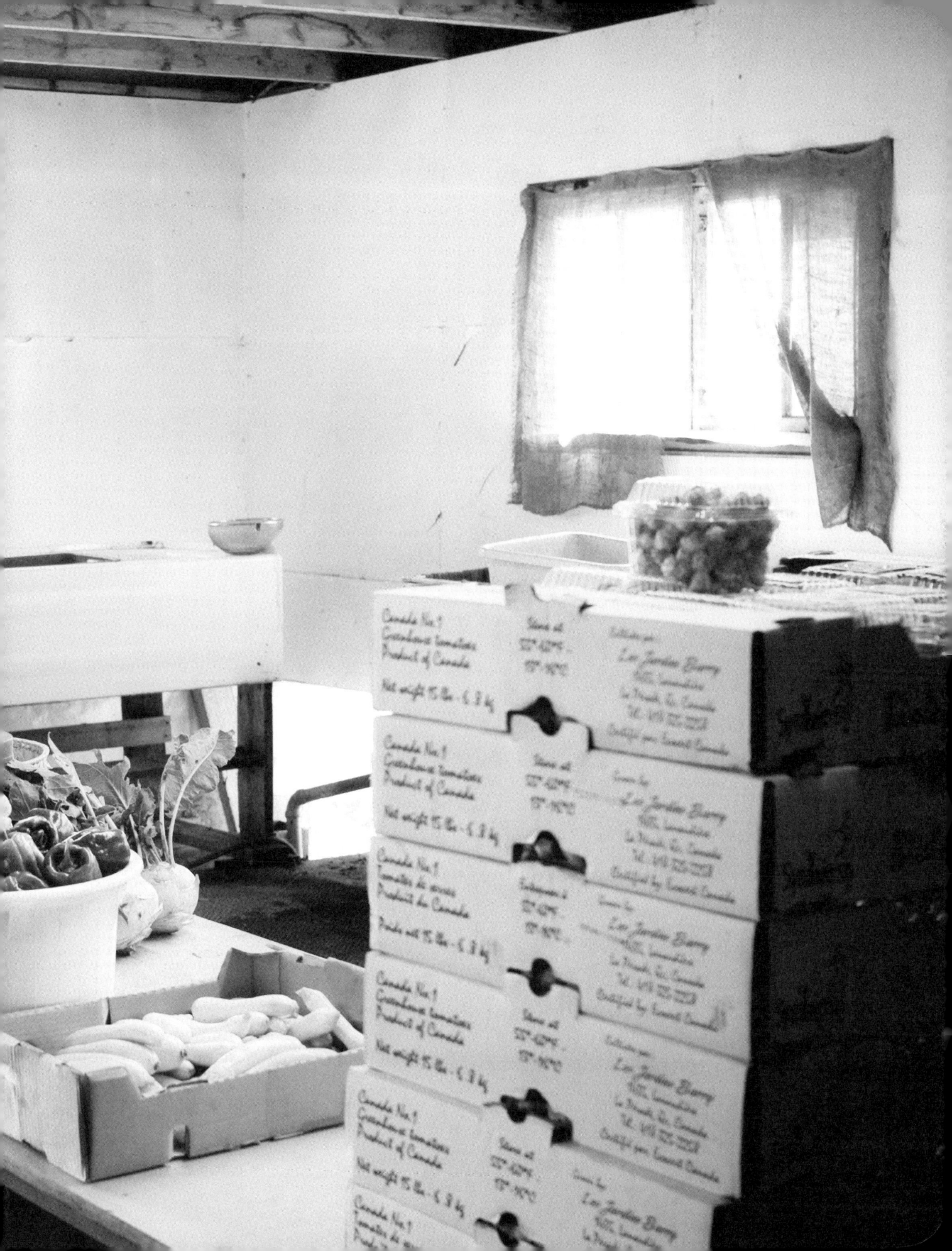

DESSERTS

À lire en écoutant *More,* interprétée par Bobby Darin.

Curieux Bégin... Si ce livre se fait, il faut le dire, c'est parce que *Curieux Bégin* existe. Sinon, je reste juste un «trippeux de bouffe», comme j'en rencontre chaque jour (grâce à *Curieux Bégin*) justement, qui fait ce qu'il a à faire, amoureusement et anonymement... Et c'est merveilleux juste ça... Vraiment ! Mais j'ai le grand privilège de pouvoir entrer chez vous chaque semaine. En fait, en choisissant Télé-Québec aux heures de diffusion de l'émission, c'est comme si vous m'invitiez chez vous. Et je rends grâce pour ça. Parce que, encore une fois, c'est la rencontre qui est au cœur de ça. Ici, je veux seulement rendre hommage, avec vous qui les connaissez un peu mieux maintenant, à tous ceux et celles que j'ai rencontrés au cours des trois dernières années grâce à *Curieux Bégin*. Les chefs, les producteurs, les artisans, les fous furieux, les amis et amies, les aimés et aimées... Certains se retrouvent ici dans ce livre, à ma grande joie. Mais tous et toutes doivent se sentir partie prenante de cette aventure livresque. Je ne suis pas ici sans vous et suis meilleur parce que vous y êtes...

FRAISES À LA SAMBUCA

À faire en écoutant *The Girl from Ipanema*, interprétée par Sinatra et Carlos Jobin, et en buvant... un mojito!

Mélanger les fraises avec la moitié de la sambuca. Réduire les feuilles de menthe en une poudre fine, l'ajouter aux fraises et bien incorporer. Donner quelques tours de moulin à poivre, mélanger à nouveau et réfrigérer au moins 2 heures avant de servir.

Au moment du service, passer les fraises et récupérer le jus. Répartir les fraises dans 4 verrines. Ajouter le reste de la sambuca au jus des fraises, flamber et verser sur les fraises bien froides.

4 portions
- 750 ml (3 t) de fraises, équeutées et coupées en morceaux
- 45 ml (3 c. à soupe) de sambuca
- 3-4 feuilles de menthe sèches
- poivre du moulin

GRANITÉ À LA POIRE ET AU THYM

Dans une casserole en inox, mélanger l'eau et le jus de citron et amener à ébullition. Retirer du feu, ajouter le thym et laisser infuser pendant 10 minutes. Remettre la casserole sur le feu, ajouter le sucre et chauffer jusqu'à ce que ce dernier soit complètement dissous. Retirer les brins de thym du sirop et laisser refroidir.

Dans la tasse du mélangeur, déposer les poires avec le sirop au thym et pulser jusqu'à l'obtention d'une purée lisse, en ajoutant de l'eau au besoin, de façon à en mesurer 1 litre. Verser l'appareil dans un plat peu profond et mettre au congélateur pendant 2 heures.

À l'aide d'une fourchette, racler la bordure de glace et l'intégrer à l'appareil non gelé, de façon à obtenir une matière dont la texture s'apparente à de la *slush*. Répéter l'opération à deux reprises, à 1 heure d'intervalle.

Au moment de servir, gratter de nouveau le granité, de façon à obtenir une texture légère, entièrement formée de cristaux. Répartir dans des coupes de verre et garnir de quelques feuilles de thym frais.

6 à 8 portions

- 875 ml (3 1/2 t) d'eau
- 1 citron, pour le jus
- 5 brins de thym frais
- 250 ml (1 t) de sucre
- 2 poires mûres à point, pelées et épépinées

MOUSSE AU CHOCOLAT ET SA CRÈME DE QUINOA À LA FLEUR D'ORANGER

Dans une petite casserole à fond épais, cuire les grains de quinoa dans 335 ml de lait de soya pendant 12 minutes. Retirer du feu, ajouter le sucre, le zeste d'orange râpé et l'eau de fleur d'oranger. Bien incorporer. Répartir la crème de quinoa dans quatre verrines et réserver.

Verser le reste du lait de soya dans un petit cul-de-poule en verre et faire chauffer le tout au four à micro-ondes pendant 1 minute à puissance maximale. Ajouter les morceaux de chocolat et remettre à chauffer pendant 30 secondes à puissance maximale, brasser et répéter l'opération une autre fois, ou jusqu'à ce que le chocolat soit bien fondu. Ajouter l'agar-agar en fouettant vivement avec un pied-mélangeur, remettre au four à micro-ondes pour 30 secondes, puis fouetter jusqu'à dissolution complète.

Déposer le cul-de-poule dans un bol rempli de glace et fouetter vivement et sans arrêt en laissant entrer le plus d'air possible, jusqu'à ce que des vagues persistantes apparaissent à la surface de la mousse. Verser l'appareil au chocolat sur la crème de quinoa et réfrigérer pendant 15 minutes. Au moment de servir, poudrer la surface de la mousse de quelques copeaux de chocolat et décorer d'écorces d'oranges confites.

4 portions
- 125 ml (1/2 t) de quinoa
- 835 ml (3 1/3 t) de lait de soya nature
- 22,5 ml (1,5 c. à soupe) de sucre
- 7,5 ml (1/2 c. à soupe) de zeste d'orange râpé
- 15 ml (1 c. à soupe) d'eau de fleur d'oranger
- 85 g (3 oz) de chocolat noir concassé
- 30 ml (2 c. à soupe) d'agar-agar en flocons
- 4 écorces d'oranges confites

BANANES RÔTIES, CARAMEL ORANGE-BADIANE, BONBONS DE PACANES

Tout simplement RENVERSANT! Nathalie l'a fait au souper d'équipe – ce que nous avons baptisé notre «dernière escale» – et tout le monde en parle encore. Comme quoi la banane en a encore à nous apprendre!

Dans une poêle antiadhésive, à feu moyen, faire rôtir les pacanes à sec, en les tournant régulièrement, jusqu'à ce qu'elles commencent à craquer. Dans un petit robot-mélangeur ou un moulin à café, moudre 30 ml de sucre avec l'étoile de badiane, jusqu'à l'obtention d'une poudre fine et passer le tout au tamis, de façon à récupérer les écailles de badiane.

Dans une petite casserole à fond épais, verser le jus d'orange, ajouter les écailles de badiane, porter à frémissement, éteindre le feu et laisser infuser pendant 15 minutes. Filtrer et réserver.

Dans une autre petite casserole à fond épais, verser l'eau, le jus de citron et le reste du sucre, porter à ébullition et y jeter les pacanes rôties. Poursuivre la cuisson à vive ébullition en tournant constamment, jusqu'à complète évaporation des liquides. Jeter les pacanes chaudes dans le sucre à la badiane, en tournant bien, de façon à bien les enrober. Déposer les pacanes enrobées sur une plaque antiadhésive ou recouverte d'un papier parchemin et enfourner pendant 15 minutes à 120 °C (250 °F), ou jusqu'à ce qu'elles soient recouvertes d'un caramel brillant. Retirer du four et laisser refroidir.

Au moment de servir, peler et fendre les bananes en deux et diviser chaque moitié en deux ou trois tronçons de même longueur. Dans une grande poêle pouvant contenir tous les morceaux de bananes côte à côte, fondre le beurre et y faire revenir les bananes, face coupée vers le bas, jusqu'à ce qu'elles commencent à dorer. Les retourner et poursuivre la cuisson pendant 1 minute, puis les retourner de nouveau.

Mélanger le jus d'orange avec le sucre à la badiane, verser le tout sur les bananes et poursuivre la cuisson à gros bouillon pendant 1 minute, ou jusqu'à l'obtention d'un caramel enrobant. Répartir les bananes et le caramel dans quatre assiettes, ajouter une quenelle de crème fraîche et décorer avec les bonbons de pacanes.

4 portions

- 20 pacanes
- 37,5 ml (2 1/2 c. à soupe) de sucre
- 1 étoile de badiane
- 15 ml (1 c. à soupe) d'eau
- 5 ml (1 c. à thé) de jus de citron
- 3 bananes
- 15 ml (1 c. à soupe) de beurre
- 1 orange, pour le jus
- 60 ml (4 c. à soupe) de crème fraîche

TAPIOCA COCO-LOCO

Dans une casserole à fond épais, verser les billes de tapioca, le lait ainsi que la gousse de vanille fendue et cuire à feu très doux en remuant régulièrement pendant 20 minutes. Retirer du feu, couvrir et laisser reposer 10 minutes.

Si les billes de tapioca ne sont pas toutes transparentes, verser la moitié du lait de coco et reprendre la cuisson à feu doux, en brassant constamment. Lorsque les billes de tapioca sont toutes transparentes, ajouter le reste du lait de coco et le sirop d'érable, bien incorporer et laisser tiédir.

Au moment de servir, tiède ou froid, ajouter le gingembre confit et parsemer de zeste d'orange finement râpé.

4 à 6 portions
- 125 ml (1/2 t) de tapioca à petites billes
- 500 ml (2 t) de lait
- 1 tronçon de gousse de vanille de 5 cm
- 180 ml (3/4 t) de lait de coco (ou plus)
- 60 ml (1/4 t) de sirop d'érable ou de sucre
- 45 ml (3 c. à soupe) de gingembre confit coupé en fines lamelles
- 1/2 orange, pour le zeste

Le temps de cuisson et la capacité d'absorption du tapioca sont très variables. L'important, c'est que toutes les billes soient transparentes et que la texture soit moelleuse ; au besoin, ajouter un peu d'eau, de lait ou de lait de coco pour en rectifier la texture.

MOUSSE FRAMBOISE-GINGEMBRE

Passer la purée de framboises au tamis, la verser dans une casserole en inox et porter à frémissement. Ajouter le sucre et porter à ébullition. Ajouter l'agar-agar et bien incorporer en fouettant vivement. Laisser bouillir pendant 3 minutes en remuant régulièrement. Retirer du feu, ajouter le gingembre et bien incorporer.

Déposer la casserole dans un cul-de-poule à moitié rempli d'eau glacée. Ajouter le lait de soya et la crème et fouetter à l'aide d'un pied-mélangeur pendant 5 minutes ou jusqu'à ce que des vagues persistantes apparaissent à la surface de l'appareil (30 °C/86 °F). Verser dans des coupes et laisser reposer à température de la pièce, jusqu'à ce que la mousse offre une légère résistance au toucher.

4 portions
- 500 ml (2 t) de framboises fraîches, réduites en purée, ou 1 t de purée de framboises
- 15 ml (1 c. à soupe) de sucre vanillé
- 15 ml (1 c. à soupe) de gingembre râpé
- 15 ml (1 c. à soupe) d'agar-agar en flocons
- 125 ml (1/2 t) de lait de soya
- 125 ml (1/2 t) de crème 35 %

À lire en écoutant *One More for My Baby*, interprétée par Frank Sinatra.

Ben voilà, c'est le temps de r'venir à maison. Riches de cette ludique, jouissive et gustative odyssée. Ce qui me rassure, mais me réjouit surtout, c'est que, contrairement à un roman, par exemple, qu'on referme et range pour un bon bout une fois fini, un livre de recettes est du genre qu'on revisite plus souvent. Alors y'a des chances, si les haltes proposées ont été heureuses et concluantes, qu'on se recroise bientôt, qu'on fasse un autre bout de chemin ensemble. Vous allez r'venir me voir. Moi j'suis assez partant pour tout vous dire. Parce que j'me lasse pas de m'imaginer partager un grilled-cheese avec Liette à Rouyn, un carré de cochon avec Pierre-Louis à Boucherville, une crème de tomate avec, je sais pas moi, Robert à Chibougamau… J'aime l'idée qu'on va encore casser la croûte ensemble, qu'on va se faire un autre *get together* avec le iPod sur *random*, un *pot-luck* quek'part dans le parc Lafontaine, un barbecue improvisé en janvier. C'est ça la vie, j'pense ben… Faire la route ensemble, peu importe la durée du voyage, et en tirer le meilleur, toujours. Pas faire de compromis là-dessus. Comme le vigneron tire le meilleur du raisin, le maraîcher le meilleur de la terre, l'amoureux le meilleur de l'amour… Je crois à ça. Que la rencontre de l'autre, la vraie, quand on prend le temps de rentrer dans la maison, d'ouvrir le

« frigidaire », de faire avec c'qu'y a dedans, ce genre de rencontre qui fait qu'on n'est pas mal à l'aise si on parle pas tout le temps du repas, ce genre de rencontre qui donne le goût de passer la soirée sur la véranda à étirer impunément la sauce autant que de partir faire une marche pour mieux digérer, ce genre de rencontre que je vous souhaite vivement appelle au meilleur de nous. Et si on mange comme on aime, si on refuse d'aller en bas de ça, si manger devient une déclaration d'amour, un voyage partagé amoureusement (pis ça peut être si simple, si « pas compliqué », si possible au quotidien), ben je vous garantis que vous allez en demander encore et que, juste avant de partir, vous allez en prendre « un autre pour la route »... et je le prendrai avec vous... évidemment !

Je pourrais rentrer dans l'char pis mettre la cassette du *Petit Prince* de Saint-Exupéry, qui a quand même pas pire parlé du temps qu'on accorde aux autres comme aux roses, mais, si j'veux être honnête avec vous et fidèle à mes références personnelles, je vais vous quitter avec cette citation tirée d'une chanson interprétée brillamment par Pierre Lalonde y'a de ça quek'zannées :

« Ce n'est qu'une question de temps... Patiente et attends, ce n'est qu'une question de temps*... »

Salut ! À la r'voyure !

---

* Le reste de la chanson est plate pour mourir... Je tenais à vous l'dire !

- **132** Carré de cochon à l'ail confit
- **164** Ragoût de lentilles au citron confit

161 Moelleux d'aubergine au cumin

27 Mousse de chèvre frais, chips de parmesan

DERNIÈRE ESCALE

183 Bananes rôties, caramel orange-badiane, bonbons de pacanes

INDEX PAR INGRÉDIENT

AGAR-AGAR
. Tartare de pétoncles au yuzu et à la gelée de saké 34
. Mousse au chocolat et sa crème de quinoa à la fleur d'oranger 181
. Mousse framboise-gingembre 187

AIL
. Longe de porc à l'ail fumé et à l'érable 107
. Carré de cochon à l'ail confit 132
. Palette de veau au Samos 103
. Tzatziki 130

AGNEAU
. Kebab d'agneau 16
. Pain de viande agneau et feta 116
. Épaule d'agneau au curcuma 124

AGRUMES
. Crème d'orange cari-curry 28
. Tartare de pétoncles au yuzu et à la gelée de saké 34
. Salsa tomatillos 154
. Salsa mango-tango 154
. Gambas grillées, fondue de fenouil, orange et poivre long 32
. Tapioca coco-loco 184
. Saumon fondant, compote d'endives, érable et pamplemousse 138
. Papillotes de crevettes coco-cari 76
. Papillotes de mérou, chèvre et citron 78
. Papillotes de poulet, orange et épices douces 83
. Crème aux épices fumées 92
. Salsa cruda 154
. Curry de légumes 158
. Ragoût de lentilles au citron confit 164
. Bananes rôties, caramel orange-badiane, bonbons de pacanes 183
. Granité à la poire et au thym 178
. Mousse au chocolat et sa crème de quinoa à la fleur d'oranger 181

BŒUF
. Bœuf fumé à la cajun 19
. Bœuf aux tomatillos 101
. Sloppy Joe à l'indienne 130
. *Grilled-cheese* 69
. Pommes de terre surprise 81
. Tamales au boeuf 88

CARI
. Sloppy Joe à l'indienne 130
. Curry de légumes 158
. Crème d'orange cari-curry 28
. Papillotes de crevettes coco-cari 76

CHAMPIGNON
. Pommes de terre nouvelles, farcies aux chanterelles 15
. Acras de veau 28
. Lapin aux chanterelles 104
. Calmars farcis aux champignons 122
. Poêlée de chanterelles, poivrons et salicorne 167
. *Grilled-cheese* 69

CHARCUTERIES
. Soupe aux pois verts et panais 41
. Crème de tomate gratinée 47
. *Grilled-cheese* 69
. Calmars farcis aux champignons 122
. Mousse de chèvre frais, chips de parmesan 27
. Acras de veau 28
. Gambas grillées, fondue de fenouil, orange et poivre long 32
. Coulis de poivrons rouges 92
. Lapin aux chanterelles 104
. Farce de Kim 127

CHOCOLAT
. Mousse au chocolat et sa crème de quinoa à la fleur d'oranger 181

COCHON
. Porc confit, comme une soupe aux pois 31
. Longe de porc à l'ail fumé et à l'érable 107
. Carré de cochon à l'ail confit 132
. Côtes levées de porc aux pommes 121
. Calmars farcis aux champignons 122

CORIANDRE
. Soupe de crevettes au lait de coco 43
. Papillotes de crevettes coco-cari 76
. Bœuf aux tomatillos 101
. Salsa tomatillos 154
. Salsa mango-tango 154
. Purée de chou-fleur au lait de coco 163
. Tartare de pétoncles au yuzu et à la gelée de saké 34
. Salsa cruda 154

CREVETTE
. Gambas grillées, fondue de fenouil, orange et poivre long 32
. Soupe de crevettes au lait de coco 43
. Papillotes de crevettes coco-cari 76
. Bouillon de crevettes 43

CITRONNELLE
. Curry de légumes 158
. Soupe de crevettes au lait de coco 43

ÉPICES
. Bœuf fumé à la cajun 19
. Tartare de canard 22
. Crème d'orange cari-curry 28
. Soupe de crevettes au lait de coco 43
. Bœuf aux tomatillos 101
. Marinade *She rocks!* 157
. Pommes de terre surprise 81
. Tamales au bœuf 88
. Tamales au poulet 91
. Épices cajun 91
. Crème aux épices fumées 92
. Curry de légumes 158

ÉPICES DOUCES
. Kebab d'agneau 16
. Tomates explosives 21
. Gambas grillées, fondue de fenouil, orange et poivre long 32
. Soupe de crevettes au lait de coco 43
. Côtes levées de porc aux pommes 121
. Épaule d'agneau au curcuma 124
. Carré de cochon à l'ail confit 132
. Pilons de poulet, tomates et cinq-épices 135
. Bananes rôties, caramel orange-badiane, bonbons de pacanes 183
. Acras de veau 28
. Papillotes de poulet, orange et épices douces 83
. Moelleux d'aubergine au cumin 161
. Bananes rôties, caramel orange-badiane, bonbons de pacanes 183

FOIE
. Mousse de foie de volaille 12
. Farce de Kim 127

FROMAGE
. Mousse de chèvre frais, chips de parmesan 27
. Acras de veau 28
. Crème de tomate gratinée 47
. *Grilled-cheese* 69
. Pain de viande agneau et feta 116
. Soupe aux pois verts et panais 41
. Papillotes de mérou, chèvre et citron 78
. Pommes de terre surprise 81
. Tamales au bœuf 88
. Tamales au poulet 91

FRUITS
. Bananes rôties, caramel orange-badiane, bonbons de pacanes 183
. Fraises à la Sambuca 177
. Mousse framboise-gingembre 187
. Côtes levées de porc aux pommes 121
. Saumon fondant, compote d'endives, érable et pamplemousse 138
. Salsa mango-tango 154
. Granité à la poire et au thym 178

GINGEMBRE
. Tomates explosives 21
. Tartare de canard 22

- Tartare de pétoncles au yuzu et à la gelée de yuzu 34
- Soupe de crevettes au lait de coco 43
- Papillotes de crevettes coco-cari 76
- Salsa mango-tango 154
- Curry de légumes 158
- Tapioca coco-loco 184
- Mousse framboise-gingembre 187
- Papillotes de poulet, orange et épices douces 83

LAIT DE SOYA
- Mousse au chocolat et sa crème de quinoa à la fleur d'oranger 181
- Mousse framboise-gingembre 187

LAIT DE COCO
- Soupe de crevettes au lait de coco 43
- Sloppy Joe à l'indienne 130
- Purée de chou-fleur au lait de coco 163
- Curry de légumes 158
- Tapioca coco-loco 184

LÉGUMINEUSES
- Porc confit, comme une soupe aux pois 31
- Soupe aux pois verts et panais 41
- Ragoût de lentilles au citron confit 164
- Gambas grillées, fondue de fenouil, orange et poivre long 32
- Tamales au bœuf 88
- Tamales au poulet 91

LÉGUMES
- Crème de laitues à l'huile de noix 44
- Curry de légumes 158
- Moelleux d'aubergine au cumin 161
- Purée de chou-fleur au lait de coco 163
- Poêlée de chanterelles, poivrons et salicorne 167
- Saumon fondant, compote d'endives, érable et pamplemousse 138
- Soupe aux pois verts et panais 41
- Crème de tomate gratinée 47
- *Grilled-cheese* 69
- Bœuf aux tomatillos 101
- Coulis de poivrons rouges 92
- Papillotes de crevettes coco-cari 76
- Papillotes de mérou, chèvre et citron 78
- Papillotes de poulet, orange et épices douces 83
- Tamales au bœuf 88
- Tamales au poulet 91
- Calmars farcis aux champignons 122
- Poulet pas possible! 127
- Sloppy Joe à l'indienne 130
- Tzatziki 130
- Pilons de poulet, tomates et cinq-épices 135
- Salsa tomatillos 154

OLIVE
- Escalopes de dinde roulées, compote aux deux olives 136

PANAIS
- Soupe aux pois verts et panais 41
- Crème de laitues à l'huile de noix 44

- Palette de veau au Samos 103

PIMENTS
- Bœuf aux tomatillos 101
- Sloppy Joe à l'indienne 130
- Salsa tomatillos 154
- Salsa cruda 154
- Purée de chou-fleur au lait de coco 163
- Pommes de terre surprise 81

POIVRES
- Saumon fondant, compote d'endives, érable et pamplemousse 138
- Tomates explosives 21
- Tartare de canard 22
- Porc confit, comme une soupe aux pois 31
- Crème de tomate gratinée 47
- Gambas grillées, fondue de fenouil, orange et poivre long 32

POIRE
- *Grilled-cheese* 69
- Pâté chinois, boudin et canard confit 118
- Granité à la poire et au thym 178
- Poires caramélisées au vinaigre balsamique 69

POISSONS ET FRUITS DE MER
- Saumon fondant, compote d'endives, érable et pamplemousse 138
- Papillotes de mérou, chèvre et citron 78
- Calmars farcis aux champignons 122
- Gambas grillées, fondue de fenouil, orange et poivre long 32
- Soupe de crevettes au lait de coco 43
- Papillotes de crevettes coco-cari 76
- Bouillon de crevettes 43
- Tartare de pétoncles au yuzu et à la gelée de saké 34

POMME DE TERRE
- Pommes de terres nouvelles, farcies aux chanterelles 15
- Pâté chinois, boudin et canard confit 118
- Papillotes de pommes de terre, ENCORE! 84
- Poulet pas possible! 127

QUINOA
- Mousse au chocolat et sa crème de quinoa à la fleur d'oranger 181

SAUCISSE ET BOUDIN
- Bœuf aux tomatillos 101
- Pommes de terre surprise 81
- Pâté chinois, boudin et canard confit 118

SAUGE
- Longe de porc à l'ail fumé et à l'érable 107
- Pain de viande agneau et feta 116
- Ragoût de lentilles au citron confit 164
- Lapin aux chanterelles 104

TOMATE
- Tomates explosives 21
- Crème de tomate gratinée 47
- Sloppy Joe à l'indienne 130

- Pilons de poulet, tomates et cinq-épices 135
- Salsa cruda 154
- Moelleux d'aubergine au cumin 161

TOMATILLOS
- Bœuf aux tomatillos 101
- Salsa tomatillos 154

TAPIOCA
- Tapioca coco-loco 184

VEAU
- Acras de veau 28
- Palette de veau au Samos 103

VOLAILLES
- Tartare de canard 22
- Papillotes de poulet, orange et épices douces 83
- Lapin aux chanterelles 104
- Poulet pas possible! 126
- Escalopes de dinde roulées, compote aux deux olives 136
- Pilons de poulet, tomates et cinq-épices 135
- Tamales au poulet 91

YOGOURT
- Crème d'orange cari-curry 28
- Épaule d'agneau au curcuma 124
- Tzatziki 130
- Crème aux épices fumées 92

INDEX PAR CATÉGORIE

BOUCHÉES ET ENTRÉES
. Mousse de foie de volaille 12
. Pommes de terre nouvelles, farcies aux chanterelles 15
. Kebab d'agneau 16
. Bœuf fumé à la Cajun 19
. Tomates explosives au poivre de Sichuan et au cumin 21
. Tartare de canard 22
. Mousse de chèvre frais, chips de parmesan 27
. Acras de veau 28
. Crème d'orange cari-curry 28
. Porc confit, comme une soupe aux pois 31
. Gambas grillées, fondue de fenouil, orange et poivre long 32
. Tartare de pétoncles au yuzu et à la gelée de saké 34
. Gelée de saké 34
. Substitut de yuzu 34

SOUPES
. Soupe aux pois verts et panais 41
. Soupe de crevettes au lait de coco 43
. Bouillon de crevettes 43
. Crème de laitues à l'huile de noix 44
. Crème de tomate gratinée 47

GRILLED CHEESE
. Le premier 69
. Le deuxième 69
. Le troisième 69
. Le quatrième 69
. Poires caramélisées au vinaigre balsamique 69

WRAP IT UP
. Papillotes de crevettes coco-cari 76
. Papillote de mérou, chèvre et citron 78
. Pommes de terre surprise 81
. Papillotes de poulet, orange et épices douces 83
. Papillotes de pommes de terre, ENCORE! 84
. Tamales au bœuf 88
. Tamales au poulet 91
. Épices Cajun 91
. Crème aux épices fumées 92
. Coulis de poivrons rouges 92

MITONNÉS
. Bœuf aux tomatillos 101
. Palette de veau au Samos 103
. Lapin aux chanterelles 104
. Longe de porc à l'ail fumé et à l'érable 107

LONG COURS
. Pain de viande agneau et feta 116
. Mayonnaise à la sauge 116
. Pâté chinois, boudin et canard confit 118
. Côtes levées de porc aux pommes 121
. Bouillon de porc aromatique 121
. Calmars farcis aux champignons 122
. Épaule d'agneau au curcuma 124
. Poulet pas possible! 127
. La farce de Kim 127
. Sloppy Joe à l'indienne 130
. Tzatziki 130
. Carré de cochon à l'ail confit 132
. Saumure aux épices 132
. Pilons de poulet, tomates et cinq-épices 135
. Escalopes de dinde roulée, compote aux deux olives 136
. Saumon fondant, compote d'endives, érable et pamplemousse 138

SAUCES ET VÉGÉS
. Salsa tomatillos 154
. Salsa mango-Tango 154
. Salsa cruda 154
. Marinade she rocks! 157
. Curry de légumes 158
. Moelleux d'aubergine au cumin 161
. Purée de chou-fleur au lait de coco 163
. Ragoût de lentilles au citron confit 164
. Poêlée de chanterelles, poivrons et salicorne 167

DESSERTS
. Fraises à la Sambuca 177
. Granité à la poire et au thym 178
. Mousse au chocolat et sa crème de quinoa à la fleur d'oranger 181
. Bananes rôties, caramel orange-badiane, bonbons de pacanes 183
. Tapioca coco-loco 184
. Mousse framboise-gingembre 187

CHRISTIAN BÉGIN AU KAMOURASKA À SAINT-ALBAN

LES INVITÉS AU SOUPER, CEUX QUI ÉTAIENT PRÉSENTS

BOULANGERIE NIEMAND et ses collaborateurs
82, avenue Morel
Kamouraska
418 492-1236
. Pains au levain, faits de farines fraichement moulues sur place (blé, seigle et épeautre)
. Viennoiseries et biscuits pur beurre
Produits à base de fruits régionaux (desserts confitures, vinaigres...)

FERME LA POULE PERLÉE
Perle Morency et Kim Côté
418 493-2054
. Producteur pintades

Élodie Fortin, Marie-Ève Lévesque et Virginie Vachon...

LA VOLÉE DE FARINES
Samuel Lavoie, Ferme Le Rakù
St-Germain-de-Kamouraska
. Grains et farines certifiés biologiques
. Cultures de fruits à venir (vignes)
. Produits en vente à la boutique **Le fil bleu** (voisin de la boulangerie, prop. Fabrice Roy-Plourde)

GRELOTS, BÂTONS ET CIE
Samuel Gaudet
La Pocatière
. Saucisses et charcuteries certifiées bilogiques
. Pour les points de vente au Québec, consultez le www.fouducochon.com

BONNES ADRESSES

POISSONNERIE PÊCHERIES LAUZIER
57-B, avenue Morel
Kamouraska
418 492-7988
. Poissons et fruits de mer frais, marinés ou fumés
. Prêt-à-manger

COOPÉRATIVE L'ÉGLANTIER
641, rue Taché
St-Pascal-de-Kamouraska
418 492-1414
. Produits naturels

LA VIELLE ÉCOLE ET LES JARDINS DE LA MER
143, rue Principale
St-André-de-Kamouraska
418 493-2408
. Café internet et expositions
. Produits à base de plantes marines comestibles

AUTRES PRODUCTEURS ET TRANSFORMATEURS

FERME LE MOUTON BLANC
La Pocatière
. Fromage de brebis
. Tomme du Kamouraska

LES JARDINS KAMOURASKA
St-Pascal
. Légumes de serre (kiosque ou marché public)

BONNES ADRESSES

FERME UN VENT DE FOLIE
Julie Soulard et Patrick Basler
450, rang Saint-Joseph ouest
Saint-Alban
418 268-4566
. Bœufs Highland

FERME SAINT-JOSEPH
Émilie Savard et Christian Caron
574, rang Saint-Joseph ouest
Saint-Alban
418 268-8802
. Veaux et porcs biologiques

RANCH D'ALTON
Francine Boissonnault et François Bertrand
524, rang Saint-Joseph ouest
Saint-Alban
418 268-5588
. Élevage fermier d'agneau et de bison

TERRA SATIVA, TERRE DE CULTURES
Guillaume Baril
750, rang Saint-Joseph ouest
Saint-Alban
418 268-4499
. Légumes et fines herbes biologiques